DISCLAIMER

The author and publisher are providing this book and its contents on an "as is" basis and make no representations or warranties of any kind with respect to this book or its contents. The author and publisher disclaim all such representations and warranties, including but not limited to warranties of merchantability. In addition, the author and publisher do not represent or warrant that the information accessible via this book is accurate, complete, or current.

Except as specifically stated in this book, neither the author nor publisher, nor any authors, contributors, or other representatives will be liable for damages arising out of or in connection with the use of this book. This is a comprehensive limitation of liability that applies to all damages of any kind, including (without limitation) compensatory; direct, indirect, or consequential damages; loss of data, income, or profit; loss of or damage to property; and claims of third parties.

This Book Comes With Free Bonus Puzzles
Available Here:

BestActivityBooks.com/WSBONUS20

5 TIPS TO START!

1) HOW TO SOLVE

The Puzzles are in a Classic Format:

- Words are hidden without breaks (no spaces, dashes, ...)
- Orientation: Forward & Backward, Up & Down or in Diagonal (can be in both directions)
- Words can overlap or cross each other

2) ACTIVE LEARNING

To encourage learning actively, a space is provided next to each word to write down the translation. The **DICTIONARY** allows you to verify and expand your knowledge. You can look up and write down each translation, find the words in the Puzzle then add them to your vocabulary!

3) TAG YOUR WORDS

Have you tried using a tag system? For example, you could mark the words which have been difficult to find with a cross, the ones you loved with a star, new words with a triangle, rare words with a diamond and so on...

4) ORGANIZE YOUR LEARNING

We also offer a convenient **NOTEBOOK** at the end of this edition.
Whether on vacation, travelling or at home, you can easily organize your new knowledge without needing a second notebook!

5) FINISHED?

Go to the bonus section: **MONSTER CHALLENGE** to find a free game offered at the end of this edition!

Want more fun and learning activities? It's **Fast and Simple!**
An entire Game Book Collection just **one click away!**

Find your next challenge at:

BestActivityBooks.com/MyNextWordSearch

Ready, Set... Go!

Did you know there are around 7,000 different languages in the world? Words are precious.

We love languages and have been working hard to make the highest quality books for you. Our ingredients?

A selection of indispensable learning themes, three big slices of fun, then we add a spoonful of difficult words and a pinch of rare ones. We serve them up with care and a maximum of delight so you can solve the best word games and have fun learning!

Your feedback is essential. You can be an active participant in the success of this book by leaving us a review. Tell us what you liked most in this edition!

Here is a short link which will take you to your order page.

BestBooksActivity.com/Review50

Thanks for your help and enjoy the Game!

Linguas Classics Team

1 - Antiques

```
P Y E F M N M P S P M M X I
H E E K O I P U F R A N Y N
T A R E Y L W L K W H F O V
P Y R H U A G I C H I W F E
Y N Y T I I T H L I W J C S
O E D X N A S A I H A R W T
Y I S W E G S N D U L F R A
A B A D S R A A Y A G L T S
K K H L I A T G N U T A P I
M O P D R H I E G A L E R I
D C I D D K L L B U R U A N
X Z T N B U A E L E L A N G
P P A J H J U O T E N T I K
M U J Z V D K S W E W X I K
```

SENI
LELANG
OTENTIK
ABAD
KOIN
HIASAN
ELEGAN
JATI
GALERI
INVESTASI

PERHIASAN
BURUAN
HARGA
KUALITAS
PULIHAN
PATUNG
GAYA
MAHIWAL
NILAI

2 - Food #1

```
P A D S S J K H L H L M L M
N N V P U S A R V N X Y F N
X H R F S O Y B I K U U U Y
T W C T U E U F P A J B O G
U Y X D T S M V I D W D D V
N A T R E H A A R D U G U Z
A A F S B P N S U U K U M T
H J Z N A M I Y U F D L B Z
J F T K H L S B H J L A L C
W O R T E L A X A B A Y E M
U L Z D U I I D T D J A S I
M Y H A K S B A W A N G A J
X U A S R A L É M O N U I I
S C R H J B R Z Z H T M R J
```

SA'IR	SUUK
BASIL	PIR
KUEH	SALAD
WORTEL	UYAH
KAYU MANIS	SUP
JUS	BAYEM
LÉMON	GULA
SUSU	TAHU
BAWANG	TUNA

3 - Measurements

```
Z  K  F  Z  V  T  A  R  U  E  B  M  G  K
W  M  X  C  W  D  I  N  R  V  W  Y  V  I
O  I  R  A  L  E  G  N  A  J  M  U  L  L
B  S  A  K  H  S  A  A  G  B  I  W  G  O
Y  D  B  R  Y  I  S  T  M  G  K  J  O  M
T  G  E  N  Z  M  A  M  L  I  I  C  I  E
E  C  L  O  T  A  P  A  N  J  A  N  G  T
R  I  D  U  O  L  I  R  J  E  R  O  W  E
M  T  R  N  N  S  P  G  M  P  L  N  M  R
L  E  X  C  C  G  S  O  A  Z  I  F  N  K
P  S  N  E  J  R  V  L  S  I  T  O  D  N
U  D  R  I  K  A  X  I  A  V  E  Y  J  T
I  N  C  I  T  M  S  K  N  F  R  D  W  X
S  É  N  T  I  M  É  T  E  R  D  F  I  G
```

BYTE	PANJANG
SÉNTIMÉTER	LITER
DESIMAL	MASA
GELAR	PASAGI
JERO	MENIT
GRAM	OUNCE
TINGGI	TON
INCI	BEURAT
KILOGRAM	LEBAR
KILOMETER	

4 - Farm #2

```
E D J L W B V U C Y C P W H
J A G H U J A G O N G A U N
O H A U B M S I N B V T N P
F A B T W D B A W V S A B N
E R M N W I U U I J L N V L
B E O U S U S I N R R I F A
E U D R M I S S N G U F Y M
B N T R A K T O R A J S P A
E R F N A Y D O K L D I L B
K C P H K K A W A L I S Y K
G A N D U M X O F C A B A C
L I M Y G L A B T R M R X V
B E M P K M T L S A Y U R I
I Y E F C I R I G A S I U O
```

SATO
SA'IR
LUMBUNG
JAGONG
BEBEK
PATANI
DAHAREUN
BUAH
IRIGASI

LAMA
RUNTUH
SUSU
KAWALI
DOMBA
TRAKTOR
SAYUR
GANDUM

5 - Books

```
P I K A S E U R I E U N T D
P Y E A K B X A P L R O R U
X E N G F I S K E L O K A A
F I T N E V N I S I U P G L
S I L U T I D P M A C A I I
A I G L A L G E A J E J S T
S N B T C L E V O N X N K I
T S A G A I A U S A S B E S
R E E R K Y H N F U D W T L
A C N J A W Z N G P R H N F
Y S D Z A T O M O A Y N O D
H L R K Z R O T D K N V K N
S A J A K U A R C A R I T A
P E N U L I S H H Z M O F P
```

PETUALANGAN	NARATOR
PENULIS	NOVEL
KOLEKSI	KACA
KONTEKS	SAJAK
DUALITIS	PUISI
EPIK	MACA
SEJARAH	SASUAI
PIKASEURIEUN	CARITA
INVENTIF	TRAGIS
SASTRA	DITULIS

6 - Meditation

```
K N A M P A C K H G E M M P
R F Z N G C A K A R E G E E
L C Y A H V W A H R B N N R
T L G S I K U T H P É E T S
H U D A N G J E T Z H H A P
I E J L A M E N A I I F L E
O L C E F Y M G N A N E T K
B A G J A G P T X S H A T T
X T X A N L E R U K U S D I
E F F K L L N E M U S I K F
V X J M E E G M M B C S Z L
E N G A P A N A J J H O K J
E E R L S B S N G H F M D L
K A H A D É A N T O P E C E
```

NAMPA	KAHADÉAN
HUDANG	MENTAL
ENGAPAN	GERAK
TENANG	MUSIK
KAJELASAN	ALAM
KARÉH	KATENGTREMAN
EMOSI	PERSPEKTIF
SUKUR	JEMPENG
BAGJA	

7 - Days and Months

```
I T H E R M M Z A O G R G A
I K L H S A L A S A D E R N
A P R I L D V R L U T B A S
X D E S I M E K A N E M L A
N R B A T E R A M S G É P R
O B M S V J M C P E M T É O
B C E B I E A K I N O P B U
V K V U R U E G L É E É R N
C J O F A E R S U N Y S U S
R I N W U I B J J S U A A I
C R U Z N F V O U C T C R Y
W F A K A M I N G G U U I V
D F T W J J U M A A H S S K
E Z B H O K T O B E R P O O
```

APRIL
AGUSTUS
ALMENAK
PÉBRUARI
JUMAAH
JANUARI
JULI
MARET
MEI
SENÉN

SASIH
NOVEMBER
OKTOBER
SABTU
SÉPTÉMBER
MINGGU
KEMIS
SALASA
REBO
TAUN

8 - Energy

```
S X O T C F M T I X I H G N
L O F W U D T Y I O S L C L
R L L T V R L W F N I S E M
E I X A J N B J P O L U S I
N N E I R U L I Z R B X R R
E G E Z H K I P N T E J S T
W K B B M L S O O K N W Y S
A U W B Z I T R B E S W H U
B N G L D R R T R L I A O D
L G F O T O I N A E N D R N
E A W T O E K E K C I M A I
P N N S A N A P Y W G E V K
M O T O R K H Z X B N I D H
N E G O R D I H A H A H G H
```

AKI
KARBON
SOLAR
LISTRIK
ELEKTRON
MESIN
ENTROPI
LINGKUNGAN
BBM
BENSIN

PANAS
HIDROGEN
INDUSTRI
MOTOR
NUKLIR
FOTO
POLUSI
RENEWABLE
TURBIN
ANGIN

9 - Chess

```
J Y U D J M K H T L L H N K
I U G P O X X O A K A S É F
G V A J A R Y U R U U W M B
G X R R L O W E A B T G A G
I G E T A R T S T U A N N N
P N K O N K V R U H R N R X
A U U N O O I T R F R O U T
S E E A G N P T A W A K T U
I D B C A T Z L N V S L P G
F I A G I E K A U L I N A N
Z H K T D S G Y X L A R I M
L U P M S S M N N X K W O F
P E M A I N R L H T X E S R
B O D A S G E T O P V E X K
```

HIDEUNG
JUARA
KONTES
DIAGONAL
KAULINAN
RAJA
LAWAN
PASIF

PEMAIN
RATU
ATURAN
KORBAN
STRATEGI
WAKTU
TURNAMÉN
BODAS

10 - Archeology

```
U A X B S D N T H S K M U E
O L J T S T A W A L G I F V
H M Y P I P R R D R P S T A
O N H M O M A K A M M T X L
P A N A L U N G T I K E O U
I B T K V X W N F W S R B A
H A S E G W K A K O I I J S
I D Y G P K A L X J S I E I
Y A L B E C K U O R I I K T
R R F H E N C T M N L D L X
E E T U R U N A N E A N A B
L P R D M L D R I L N A L V
I L H A O T D S A E A C U E
C B N H T V V G J C W D X A
```

ANALISIS   FOSIL
AWAL   MISTERI
TULANG   OBJEK
PERADABAN   RELIC
TURUNAN   PANALUNGTIK
ERA   TIM
EVALUASI   CANDI
AHLI   MAKAM
POHO

11 - Food #2

```
I D E Y K W B C C B V C O G
K T A M O T E R O M O É N J
H I P A U I R I O R H R W A
U O E I U B C H F K S I N L
W M L Y A P U S W I O E V B
I Z O W H N E N D O G L W I
C O K L A T G N O R É T I K
A Y L T P S U G A R A P S A
H O R W B G J F U G N A S N
A G L O L K É D O R F W H Z
Y U L T T I K M F F M N F J
A R A C F I S E L É D R I N
M T X A Y B B U A H K I W I
B U M U D N A G T J U Z Y J
```

APEL   ENDOG
ASPARAGUS   TÉRONG
CAU   IKAN
ROTI   ANGGUR
BROKOLI   BUAH KIWI
SELÉDRI   SUPA
KÉJU   SANGU
CÉRI   TOMAT
HAYAM   GANDUM
COKLAT   YOGURT

12 - Chemistry

```
K M T H X E K X P X V M R G
B A D W T O G O R G A N I K
K A T X H P G S E T H I A F
A L S A A N E A H I J R C N
R Z N A L J M A S A S O E C
B S P N C I V B S T N L L E
O Y W S C P S Y U O C K E M
N E G O R D I H H M M V K D
D B G X I D Y V U N F Z T W
I E T C L F X J U Y A H R G
O U P G K P A N A S A J O H
N R J L U K E L O M I Z N É
U A Z I N O K S I G É N L H
E T U S D B P J F H W E O S
```

ASAM   HIDROGEN
BASA   ION
ATOM   CAIR
KARBON   MOLEKUL
KATALIS   NUKLIR
KLORIN   ORGANIK
ELEKTRON   OKSIGÉN
ÉNZIM   UYAH
GAS   SUHU
PANAS   BEURAT

13 - Music

```
A V K R E K A M A N R L K U
M L T M T I M Y G W I P H D
I K B V U S H O U P T A L A
K Y X U X U A Z Z L M E I L
R B N G M M R H X Z I O R A
O C B A O C I P U I S I I B
P M D D Y F W L N D D G K U
O W M C V N T Z H O U Z U S
N G T K Y W A G H L A K O V
C H O R U S E P T E S X B N
H A R M O N I S E M F I A E
O P E R A C U H M C F Y N W
K L A S I K S E P O G X I G
H A R M O N I J O A N I X A
```

ALBUM	MUSIK
BALAD	OPERA
CHORUS	PUISI
KLASIK	REKAMAN
HARMONIS	WIRAHMA
HARMONI	RITMI
ALAT	SING
LIRIK	PANYANYI
MELODI	TEMPO
MIKROPON	VOKAL

14 - Family

```
Y  B  I  B  W  X  P  M  P  W  D  L  U  P
L  I  R  T  U  P  J  M  J  T  C  O  D  A
W  B  T  Z  P  D  I  W  N  I  N  A  Y  M
A  I  G  N  A  M  A  M  I  A  P  A  B  A
A  D  C  D  T  A  A  K  P  H  S  M  O  J
F  Z  D  D  E  X  D  A  L  J  D  I  F  I
G  N  G  R  R  L  A  N  R  E  T  A  M  K
P  G  X  O  N  S  X  A  D  D  U  N  N  A
G  M  I  K  A  D  U  R  A  B  V  T  M  N
B  R  N  J  L  S  A  L  A  K  I  I  I  G
A  Y  C  I  K  A  R  U  H  U  N  B  H  K
W  D  U  F  K  W  P  X  S  W  X  U  V  V
V  O  I  J  X  N  L  O  F  M  O  O  O  W
S  V  C  X  H  E  K  O  V  F  R  E  X  Y
```

KARUHUN	INCU
BIBI	SALAKI
ADI	MATERNAL
BUDAK LEUTIK	IBU
BARUDAK	ANAK
MISAN	PATERNAL
PUTRI	MAMANG
BAPA	PAMAJIKAN
NINA	

15 - Farm #1

```
S A N G U K H H O G C L F U
O Z A M B N A K U D A P C D
U R U Y I O W L H A Y A M L
C U R G S Z A G D T L Z U F
I M I G O U S K I E B M E F
N T Y A N É N A T A T T E D
G I N G D P U P U K D Z C N
J P W A K V D D H R B I J I
E A A K N F Y F A F C M L A
R S H G W K D N G M Z A I C
U I B H E J Y O Y S X R R N
T O Z X J R I P A S K A N A
V N N L A N J I N G D J R U
X O E G Z S K E G W U X A F
```

TATANÉN	PAGER
NYIRUAN	PUPUK
BISON	SAWAH
ANAK SAPI	EMBE
UCING	JARAMI
HAYAM	MADU
SAPI	KUDA
GAGAK	SANGU
ANJING	BIJI
KALDE	CAI

16 - Camping

```
K  I  S  A  T  M  Z  J  G  S  T  A  L  I
X  A  Y  L  A  O  K  A  V  A  M  Y  C  Y
P  B  N  M  H  R  Y  G  C  T  T  N  A  I
L  I  F  U  R  O  X  Z  D  O  V  E  N  P
C  U  G  B  T  A  N  G  K  A  L  Y  P  E
S  E  X  I  E  U  R  P  M  D  P  C  D  T
G  N  A  N  E  S  A  P  M  O  K  W  S  C
A  U  N  A  V  R  C  V  D  G  P  Y  T  G
K  E  N  N  A  G  N  A  L  A  U  T  E  P
A  S  R  U  K  B  H  K  A  B  I  N  N  L
F  F  M  Y  N  Z  S  X  L  M  Z  A  J  C
B  U  L  A  N  G  S  E  R  A  N  G  G  A
L  E  U  W  E  U  N  G  V  L  M  M  T  G
T  É  N  D  É  F  S  V  J  A  F  F  K  F
```

PETUALANGAN	MORO
SATO	SERANGGA
KABIN	TASIK
KANU	PETA
KOMPAS	BULAN
SEUNEU	GUNUNG
LEUWEUNG	ALAM
SENANG	TALI
AYUNAN, IBU.	TÉNDÉ
HAT	TANGKAL

17 - Algebra

```
T P P M F F E K E D K R A F
A A E A Y R A X W A P U I W
N R R S D A A K P H T M T M
P E S A X Y H K T O X U N D
A N A L I F C K S O N S S F
W T M A R G A I D I R E F X
A É A H T A S S G W R D N G
T S A V A G K L I N E A R T
E I N U M S O L U S I N M D
S S T S B H I H N V N F G A
G Z R L T E A K W I O N N R
I I S A K I F I L P M I S X
I M T P G E O O H V O D O T
R H T B W L E B A I R A V P
```

DIAGRAM	LINEAR
PERSAMAAN	MATRIX
EXPONENT	NOMOR
FAKTOR	PARENTÉSIS
PALSU	MASALAH
RUMUS	SIMPLIFIKASI
FRAKSI	SOLUSI
TANPA WATES	VARIABEL

18 - Numbers

```
D U A N J T H H U J U T Y M
K O K Y F A J L I Z G G M F
L Y W H U T W R S J C X D E
R I G E N E P H O R I C U G
K C M L I M A B E L A S A T
O H H A D A L A P A N V B I
H T U J U H B E L A S T E L
V U G E N E P W E L A S L U
Z R L O P A T W E L A S A B
N C A U T T N A P A L A S E
T I L U P Y T O P A T R L L
S A L A P A N B E L A S H A
V D S P B E U S C P I L A S
S A P U L U H D E S I M A L
```

DESIMAL	TUJUH BELAS
DALAPAN	GENEP
LIMA BELAS	GENEP WELAS
LIMA	SAPULUH
OPAT	TILU BELAS
OPAT WELAS	TILU
SALAPAN	DUA BELAS
SALAPAN BELAS	DUA PULUH
HIJI	DUA
TUJUH	

19 - Spices

```
F S A F F R O N W N Y S L C
E I B U O V O S M W A F I H
N N R A L I N A V M T K C J
N A A D W R E D N A I R O K
E M S I N A M O U D A A R E
L U A A E W N B Y R P M I K
C Y C U M I N G A A K I C E
W A P P A L A N H K A S E C
E K J A Y U Y A V G R X B V
J H O M P A I W K H I Z G C
G A F B K R P A S Y T X X N
P T H P P E I B K D V D U R
E G T É K F E K X M J B Z D
F O X H T V P V A K C C E R
```

ANIS	BAWANG BODAS
PAIT	JAHÉ
KARDAM	LICORICE
KAYU MANIS	PALA
CEKEK	BAWANG
KORIANDER	PAPRIKA
CUMIN	SAFFRON
KARI	UYAH
FENNEL	AMIS
RASA	VANILA

20 - Universe

```
K M J E L O B T E C S C S A
E O T C D R U F L D U A O S
O E S S F B L D N E A K L T
P Z A M J I A W E R S R S E
A S W T I T N R Y Z A A T R
N S I E H K I U V X N W I O
I L T A N G K A S A A A C I
N A S R É F S I M É H L E D
G N I X O Z O D I A K A A Y
A G L E G N A T N I L O V G
L I U G F W O S U R Y A U T
I T T L T S H M K P Y F A E
Y A A R A A S T R O N O M I
D S K T E L E S K O P K V W
```

ASTEROID   CAKRAWALA
ASTRONOM   LINTANG
ASTRONOMI   BULAN
SUASANA   ORBIT
ANGKASA   LANGIT
KOSMIK   SURYA
POEK   SOLSTICE
KATULISTIWA   TELESKOP
GALAXY   NINGALI
HÉMISFÉR   ZODIAK

21 - Mammals

```
B L U K A S W X Z O A F X S
O U L U M B A L U M B A O C
K L N K A N G G U R U B W G
Y A G G O T A D U K G U L I
R E L A A B M O D T J L F H
U G N I J N A V R E V A E B
B S U G N A Y A J Y G R M E
A A C M S C H F Y N O B S W
H W I E G X I O K O R E I T
N P N B U J V F O M I Z N J
S A G W N I Z F M W L G G P
S S H K F W Z H B G A J A K
F B U V G G M I B F L S Y L
Y W U F G O Z V U C J L C L
```

BUNGA	JAYANG
BEAVER	GORILA
BULA	KUDA
OTA	KANGGURU
UCING	SINGA
AJAG	MONYET
ANJING	KALINCI
LUMBA-LUMBA	DOMBA
GAJAH	LUKAS
RUBAH	ZEBRA

22 - Bees

```
D N U E R A H A D R S L X B
F A G E B A S O H A S E U P
M A L A M K D J I K S A R I
U K B G G L G C K E M U S O
W É U G I I Z M P M D G S L
M N R N D R M M A N F A A T
A I N A M A T B U B S L E J
D B C R T S K G U F U Y G A
U A Z E J U N E O N N S O N
U K H S B U A H M Z G Z P G
T U T U W U H A N B P O V J
P O L L I N A T O R A I M A
J T S I T H P W I K D N K N
F E K O S I S T E M D V G G
```

MANFAAT	TUTUWUHAN
MEKAR	SARI
KABINÉKAAN	POLLINATOR
EKOSISTEM	RATU
KEMBANG	HASEUP
DAHAREUN	SUN
BUAH	NGAGIMBUNG
TAMAN	MALAM
MADU	JANGJANG
SERANGGA	

23 - Photography

```
V K P A T Y X S S M R N A K
I T O M H K V H Y I B Y L O
S V T E F F O I T V T Y K N
U K R V Z T Z U Z C E A O T
A U E K A A R E M A K E M R
L J T J A M M X R Y S E P A
H N P G B R A K A A T X O S
W A R N A O C M N H U J S P
B G L U I F X W G A R G I T
O N A E J B I G K C R J S I
T A N D B T T I A L E G I W
A Y W I P E R S P E K T I F
I A P H U T A M G T A D C R
P B D C Z T H R Z U M D L T
```

HIDEUNG
KAMERA
WARNA
KOMPOSISI
KONTRAS
POEK
HARTI
FORMAT
RANGKA

CAHAYA
OBJEK
PERSPEKTIF
POTRET
BAYANGAN
MATUH
TEKSTUR
VISUAL

24 - Sports

```
G G G D W G C T G O L F T D
I K O H N A N I L U A K I S
M A N E S U S J L F A I M M
N O I D A T S I U T U H J A
A S A P É D A H T A P B K I
S G M T P B T U E Z R V W M
I L E J B K A R E G P A E H
U R P S K P Y S P W A R G I
M S B C D L R H E L U J P T
A D X V R D B J Y B O X F A
A T L E T H X Y I P A A E L
P M R Z E H H N D V T L U A
U X N E B J J K S L X D L P
C X T É N I S S A G X M E J
```

ATLET   HOKI
BASEBALL   GERAK
WARGI   PEMAIN
SAPÉDAH   WASIT
PALATIH   STADION
KAULINAN   TIM
GOLF   TÉNIS
GIMNASIUM   JUARA
SENAM

25 - Weather

```
É  L  D  O  D  O  L  A  H  S  H  S  M  V
S  K  A  B  H  I  E  M  A  U  U  U  T  M
R  D  P  N  A  A  U  H  Y  A  R  H  P  A
A  P  O  O  G  D  R  W  A  S  I  U  Z  T
C  G  L  S  D  I  A  M  N  A  K  F  O  J
X  U  A  U  C  P  T  I  G  N  A  L  E  P
G  L  R  M  M  N  A  L  W  A  N  A  H  U
A  U  T  Y  I  C  L  K  R  B  D  W  T  B
R  R  X  U  O  I  I  I  T  U  B  A  K  Z
I  W  J  A  P  F  K  I  G  E  M  N  K  Z
N  I  G  N  A  O  V  J  U  D  N  G  F  T
G  Z  T  G  R  V  O  K  R  X  D  A  I  G
P  D  P  K  Z  T  R  O  P  I  S  X  N  T
W  G  U  R  W  Y  P  I  U  I  L  N  U  G
```

SUASANA	KILAT
HAYANG	MUSON
TENANG	POLAR
IKLIM	PELANGI
AWAN	LANGIT
HALODO	BADAI
GARING	SUHU
KABUT	GULUR
HURIKAN	TROPIS
ÉS	ANGIN

26 - Geology

```
M O N S M V Z K K S J U K K
R I N A S I P A L T I Y A R
B L N L A V A R M A S A R I
U I B E Y S C T Z L W H A S
A N P G R P U Z I A G U N T
N I T B S A L E K K G E G A
A V D R M M L S U T A B G L
B E N B L O X I T I S S U W
D A T A R A N K G T T D N V
D L D S V R V L O E Y S U R
C D I O X A A U G W Y D N P
F O S I L B T S E C M S G I
K A L S I U M C R T D B E Z
G X D N U W E V Y L I F H R
```

ASAM	GEYSER
KALSIUM	LAVA
GUWA	LAPISAN
BUANA	MINERAL
KARANG	DATARAN
KRISTAL	KARTZ
SIKLUS	UYAH
LINI	STALAKTIT
KELA	BATU
FOSIL	GUNUNG

27 - House

```
Z E W P I R A Y C Y J B P I
P K I A C T V S M N A M A T
E A Z B N N F H U X T W N L
T K G N U E T N U E I B C A
A A P E K D K K P R A M U M
H T Y D R U B R A M A K R P
D S A R M U N T S J Y E A U
M U L O J R P C U C F T N X
P P G G C K B A I A T N A L
G A R A S I L V D N F T E O
H A W U O T N A P G K F D J
L J S T B T T E M B O K E F
B J R V J A J A N D E L A L
A O N X I G V O I K A X L K
```

ATTIK	KUNCI
SAPU	DAPUR
GORDEN	LAMPU
PANTO	PUSTAKA
PAGER	EUNTEUNG
HAWU	HATEP
LANTAI	KAMAR
JATI	PANCURAN
GARASI	TEMBOK
TAMAN	JANDELA

28 - Physics

```
P Y C L E I S N A P S K É U
M A D R L G X L K L X M K N
A S R I L K U N S G E O A I
G A B T Y N K R E A B L P V
N M O D I K R S L M G E É E
E N O R T K E L E E W K D R
T L S T B M E M R S G U É S
I A T Y I W W L A I K L T A
S J K I M I A S S N I M A L
M U G O S G E D I W N I N R
E R E L A T I V I T A S R U
J M A T O M T X A F K P Y M
F R É K U É N S I C E I H U
R U S U H A H E B H M N R S
```

AKSELERASI
ATOM
RUSUH
KIMIA
KAPÉDÉTAN
ELEKTRON
MESIN
ÉKSPANSI
RUMUS
FRÉKUÉNSI

GAS
MAGNETISME
MASA
MEKANIK
MOLEKUL
NUKLIR
PARTIKEL
RELATIVITAS
UNIVERSAL
LAJU

29 - Bathroom

```
H P Y J M U S U V P I Y B K
S A B U N A H K C A I M Y B
B H R N R G N U B M E L E G
O P M A S U E D G N C B I E
L A Z R I J G N I G N A W E
U E U A P G E A V X V V J T
O K C K L A I X H L O N U T
E F I R X G N U E T N U E L
V H H Z X F O C W E A W P E
Z H Y V T L I N U D A D L U
E O N X I I T E T R O K J K
Z O F I W T O G D P A T F O
Z M T M V R L F B U T N M M
G U N T I N G Y V T V O I F
```

MANDI	SAMPO
GELEMBUNG	PANCURAN
KARAN	SABUN
LOTION	BOLU
EUNTEUNG	USUM
WANGI	WC
RUG	ANDUK
GUNTING	CAI

30 - Dance

```
T G V N Y F M E S L I S V K
R E U I R C I G D E R E I K
A R H A N G T S B T I N S R
D A G J V B R S E P J I U A
I K A W A W A T K R H T A H
S K R D L I N C R X P Y L M
I L I E J R R M R B H S K A
O A B I F A R G O E R O K T
N S M M M H I E C E S D J E
A I E E U M A B M P M B H P
L K G D S A Y A D U B O T S
T C L A I Z E X Z V Y R S U
N S S K K Z K R W S I A U I
P Y F A V D V R X N R T C T
```

AKADEMI	RAHMAT
SENI	GEMBIRA
AWAK	GERAK
KOREOGRAFI	MUSIK
KLASIK	MITRA
BUDAYA	WIRAHMA
EMOSI	TRADISIONAL
EKSPRESIF	VISUAL

31 - Climbing

```
G N G P A N A S A R A N P L
Y U U Y T A K G N I T Y E A
C U H C D T I P E H I B T T
Z A X A O A N A S A U S A I
S O C Y E U Z T S A D D R H
C A G N I K I H T P R P C A
N H P M L E H C A D E U T N
Y P T A Z K T O B T C T N Y
B A A K T C S B I D O A H G
M A I C G U V R L R F T U E
J O U X T P R W I U F U R H
U A H L I E J P T H P O U D
C Y G R A I B H A G W Z P N
J N P G L H I L S U T G A I
```

TINGKAT	HIKING
SUASANA	TATU
SAPATU	PETA
GUHA	HEPIT
PANASARAN	STABILITAS
AHLI	KEKUATAN
SARUNG	RUPA
HELM	LATIHAN

32 - Shapes

```
G B I P A N G K A T Y S R S
I P U X R I L V C D A L R J
S I R A G K U R V A U F D J
U R U B N B T O N C O N E K
B A J N I G U I U N B C P K
U M J X R A F N G D C T R S
K I S I S N U O D A V G I I
O D G M Y D Y G H E T J S L
S U A I I E O I U T R T M I
T B K R T W O L F E W A A N
P G C S J A S O M P E K N D
K A W U N G E P D I G P B E
H I P E R B O L A B B P F R
E L I P S E Z M V M S F P Z
```

GANDEWA	HIPERBOLA
BUNDERAN	GARIS
CONEK	KAWUNG
JURU	POLIGON
KUBUS	PRISMA
KURVA	PIRAMID
SILINDER	PANGKAT
TEPI	SISI
ELIPSE	TIGA

33 - Scientific Disciplines

```
P A M E K A N I K I K T A B
S K R B O T A N I S I É S I
I I M K P J V I M C N R T O
K T I E E S O G X W E M R L
O S N I G O L O K É S O O O
L I E G L N L L R B I D N G
O U R O K E E O K H O I O I
G G A L R U B N G C L N M M
I N L O L R O U F I O A I O
K I M I A O Z M L E G M P T
Y L W S Y L E I Y J I I N A
A I M I K O I B D X V K V N
W M V F C G G É O L O G I A
D W Z V V I G O L O I S O S
```

ANATOMI
ARKEOLOGI
ASTRONOMI
BIOKIMIA
BIOLOGI
BOTANI
KIMIA
ÉKOLOGI
GÉOLOGI
IMUNOLOGI

KINESIOLOGI
LINGUISTIK
MEKANIK
MINERAL
NEUROLOGI
FISIOLOGI
PSIKOLOGI
SOSIOLOGI
TÉRMODINAMIK

34 - Science

```
K T U Z S J X E C X L Z P P
M O L E K U L D F A G K A E
L A B O R A T O R I U M R R
F N A H U W U T U T K E T C
G A H I P O T E S A I V I O
A R K K O E P M E V M O K B
K T A T A D B N P A I L E A
I T O V A R D E H B A U L A
S E U M I L K I I A L S I N
I L S N T T A L A M T I S F
F M T F H L A R E N I M O I
W U B O Y T X S N J I P F M
U D T S O K X E I N D R Y D
H M Z R I B T T V G R B O S
```

ATOM	LABORATORIUM
KIMIA	METODE
IKLIM	MINERAL
DATA	MOLEKUL
EVOLUSI	ALAM
PERCOBAAN	PARTIKEL
FAKTA	FISIKA
FOSIL	TUTUWUHAN
GRAVITASI	ELMU
HIPOTESA	

35 - Beauty

```
E K Y R E S E U N G I T I L
U I S U A L M H L P E Y F S
N T T L B H E R V C S B U G
T S A M P O M G N U L U K S
E P S X X O K A A Z K V I V
U I T M P U I K T N U F T A
N L Y R E C N A G E L E É M
G D L W K E E A W J I Y M A
H B I L U E G N S B T U S S
F J S B T N O R A E F X O C
O C T F O R T A G E P E K A
S R J T R A O W Y R Y A U R
I E R I L R F U U W W X O A
G U N T I N G L A D E N A N
```

PESAN
WARNA
KOSMÉTIK
KULUNG
ELEGANCE
ELEGAN
SEUNGIT
RAHMAT
LIPSTIK

MASCARA
EUNTEUNG
FOTOGENIK
GUNTING
LADENAN
SAMPO
KULIT
STYLIST

36 - Clothes

```
P I Y A M A N A L A C H U B
V A B P U K S A L V E O W A
P A K É A N S M G M U B Z J
Z E B C W O A P I I G H K U
E J N B L I N Z N P I V A H
B G G K C H R S N A T Y L A
J N N M P S G N A L E G U N
S U L B K A L A S P K P N E
G R F A A F D P A S A M G U
I A R O K J L R I A J T E T
V S P K T Y U O H N T F A W
U N M C W F B N R D U C T H
C M L C X R A A E A J C M J
J E A N S U S F P L M A K O
```

APRON	PERHIASAN
SABUL	KALUNG
BLUS	PIYAMA
GELANG	CALANA
PAKÉAN	SANDAL
FASHION	SAL
SARUNG	BAJU
HAT	SAPAT
JAKET	ROK
JEANS	BAJU HANEUT

37 - Ethics

```
D D L K I P I L A O I L R A
I G J A S U N A M C Z O S L
P S G J A E M S I L A E R T
L A J U N O I A A S M E V R
O H I J K A R É H B K A S U
M G S U C S J Z J S A B R I
A A N R Z O L M N W Z R O S
T M A A M A R T A B A T P M
I F R N A É D A H A K O T E
K B E S A T I R G E T N I O
F I L O S O F I A M B I M G
S F O H I K M A H K N T I W
S A T I L A N O I S A R S E
K C O I X P V Y P B K L T F
```

ALTRUISME
KARÉH
MARTABAT
DIPLOMATIK
KAJUJURAN
MANUSA
INTEGRITAS
KAHADÉAN

OPTIMIS
SABAR
FILOSOFI
RASIONALITAS
REALISME
AKAL
TOLERANSI
HIKMAH

38 - Insects

```
I E G N B R R T D D K P S H
R C W J A P E A F Y U H D A
K S I M E U T U Y E P F O K
L A R V A K R I N A U M S U
A P H I D A G I N G N T I T
D S I J B K B U Y C I G R U
A L S S F A J A A N M T E C
C K S E M K R N P L O G U A
I Z G N U B M U K O T R M C
C O N G C O R A N G H S F I
O L A J W X S I D G O U V N
I E Y V H M V X N N T H V G
P S A X Z K S K W A M A O T
F C B I K E Z W C K V G O F
```

SIREUM   SIMEUT
APHID   LARVA
NYIRUAN   BAYANG
KUMBUNG   CONGCORANG
KUPU   REUNGIT
CICADA   MOTHOT
KAKAK   RAYANG
KANGGO   CACING
KUTU

39 - Astronomy

```
M K T A I S A T E L I T N X
R A S I S L A N G I T X E E
D I M P A T P S U Z P M B Q
N D E D I O R E T S A D U U
T O T E D N E O R O Z S L I
F Z E O A P I Y N X Z U A N
K M O E R T L N S O B P Z O
E O R Y X A L A G O M E G X
Y T S D K P T L N X A R E T
B L R M J F J U N É U N R V
U R O U O L H B S T T O H I
M L K J M S A F J W R V A B
I S A V R E S B O I M A N E
A S T R O N O T E K O R A G
```

ASTEROID
ASTRONOT
ASTRONOM
RASI
KOSMOS
BUMI
GERHANA
EQUINOX
GALAXY
METEOR

BULAN
NEBULA
OBSERVASI
PLANÉT
RADIASI
ROKET
SATELIT
LANGIT
SUPERNOVA
ZODIAK

40 - Health and Wellness #2

```
X X E B K T W N I M A T I V
V U S J A I G M A I P P M P
N O U S L S N I P F C O O A
E H S K O A G F Z S S N T N
H H S I R R O E É I R U A Y
D I E T I D L V Y K V V N A
D L R E H I T E G L S H A K
X U T N S H S E H A T I U I
Y P S E O E A L E R G I R T
M F P G M D E N E R G I U E
R U M A H S A K I T E T T B
K A S E H A T A N P R R E Z
B E U R A T L N N F D P R I
R V P U E R M G Z W B A D G
```

ALERGI	SEHAT
ANATOMI	RUMAH SAKIT
NAFSU	KASEHATAN
GETIH	INFÉKSI
KALORI	URUT
DEHIDRASI	GIZI
DIET	PULIH
PANYAKIT	STRESS
ENERGI	VITAMIN
GENETIK	BEURAT

41 - Time

```
N H P C J I P K G J M A K B
T A U N A D S S S P E W M A
S R E G M A K U P S N A M H
M U E N G J P R K Y I L A E
V E A E X N W D A I T O B U
J G Z R V E I S N S S W A L
K X M A C S R M E Y H U D A
A A G S U A A L M T G O K P
Y T H V M S X R L V R T R T
E G S A T I S I A N G W U F
U K P M R H J T A U N A N W
N K O D S E C É D É K A D E
A M N X B Y U O K A M A R I
P E U T I N G P Z J M N X Y
```

SARENG
TAUNAN
BAHEULA
ALMENAK
ABAD
POÉ
DÉKADE
AWAL
KAHAREUP
JAM

MENIT
SASIH
ISUK-ISUK
PEUTING
SIANG
AYEUNA
GEURA
MINGGU
TAUN
KAMARI

42 - Buildings

```
Y  W  S  T  S  D  A  S  H  O  T  E  L  D
U  K  A  B  I  N  L  É  T  S  O  H  N  T
P  T  H  V  L  Y  N  U  C  A  X  U  P  U
I  D  B  S  M  R  H  F  D  W  D  F  A  V
S  U  P  E  R  M  A  R  K  É  T  I  L  J
A  J  O  S  E  L  U  G  A  H  G  T  O  G
V  P  K  I  T  P  H  E  N  A  Z  É  K  N
R  L  S  G  A  K  I  V  S  N  H  N  A  U
E  P  O  N  E  N  M  Z  H  U  Z  D  S  B
S  U  I  T  T  R  J  Y  B  A  M  É  W  M
B  U  B  R  U  M  A  H  S  A  K  I  T  U
O  S  S  E  H  M  R  M  E  N  A  R  A  L
D  P  C  U  W  L  T  B  P  A  B  R  I  K
P  U  R  I  N  A  A  T  U  D  E  K  G  Y
```

SUSUN	HOTEL
LUMBUNG	MUSEUM
KABIN	OBSERVASI
PURI	SAKOLA
BIOSKOP	STADION
KEDUTAAN	SUPERMARKÉT
PABRIK	TÉNDÉ
RUMAH SAKIT	TEATER
HOSTÉL	MENARA

43 - Philanthropy

```
H J R A G P A K L N H E L C
A T Y C O E R D R X N A P A
O I E R L O G O P N B A B I
E H D T O X N A G N A U E K
B R X S N M G I X R K N R G
H A L Z G G D K U T A A I B
I P R U A M L A J W T M W Y
I A S U N A M U W J N O A F
M J I V D Z K C M I O N Y G
I D K L F A N V C U K O A K
S C X L I O K K G V M N T F
I K O M U N I T A S D A N A
L Y S K E N E R O S A N V C
C X X P K A J U J U R A N C
```

BARUDAK
KOMUNITAS
KONTAK
KEUANGAN
DANA
KENEROSAN
GOL
GOLONGAN

RIWAYAT
KAJUJURAN
MANUSA
MISI
JALMA
PROGRAM
UMUM
NONOMAN

44 - Gardening

```
D T G C X V T Y K S D J P N
W I Z K N A N U A D G N A D
V V X M X R A E W B Z E V A
K D G U K E H Z A I N N L M
K E S S X R D N L H K A A D
B O E I S D T N I C W L K D
I T T M R A K E M A B U I T
J K E O H U I W F I T G N M
I O U P R N A A U A P G A O
N M Q O L S K D E M X N T P
P P U H S A O A T K L U O R
X O O C B U N H O F X E B G
D S B V L T K T C J G K M I
H F M A H E N G S E L A N G
```

MEKAR
BOTANIKAL
BOUQUET
IKLIM
KOMPOS
WADAH
KOTOR
PLANT
AHENG

KEUNGGULAN
DANGDAUNAN
SELANG
DAUN
UAP
KAWALI
MUSIM
BIJI
CAI

45 - Herbalism

```
M A R J O R A M R T Y T D T
B T X I G S H N O R F F A S
Z W A P M L T N S E W P T B
A H I R R I W Y E D B E U A
M J H K A B N I M N A T T W
G G C R Z G A T A E S E U A
A N A H A B O P R V I R W N
T A A F N A M N Y A L S U G
V B C G E O J É H L U E H B
F M I H G N A M A T Y L A O
S E K S U A N R A S A I N D
I K I L T G R E N I L U K A
S Z F L C R S W L Z O D Y S
K I T A M O R A W J A M J W
```

AROMATIK   BAHAN
BASIL   LAVENDER
MANFAAT   MARJORAM
KULINER   MINT
FENNEL   ORGANO
RASA   PETERSELI
KEMBANG   TUTUWUHAN
TAMAN   ROSEMARY
BAWANG BODAS   SAFFRON
HÉJO   TARAGON

46 - Vehicles

```
N U A I M Z O O F T S T T B
K H Z N F F E R R I K A R E
O A N W P Z F K B N U K U K
O R P X A R B K Z T T S K K
G A E I M O T O R B E I J S
C P W W L L N F O I R L N A
E R O T K A R T E K O R I B
T R A K I T H A D É P A S W
A K A P A L S E L A M J E É
W M C E U D Y U I K C X M Y
A M B U L A N A B G Y D L T
S N I S R E T P O K I L E H
E H N Y D K F T M J W M F S
P Y W G L Y I X C E N E G Y
```

PESAWAT
AMBULAN
SAPÉDAH
PARAHU
BUS
MOBIL
KAPILAH
MESIN
FERRI
HELIKOPTER

MOTOR
RAKIT
ROKET
SKUTER
KAPAL SELAM
SABWÉY
TAKSI
BAN
TRAKTOR
TRUK

47 - Health and Wellness #1

```
M E P N T G L W Z J G K L V
S K E L F E R K W U I D A I
N J R U B A R H X B G J P R
Y F A R A S N N O A G P A U
Z T W T R P U C C K N Z R S
T X A S N É U N R T I L U K
K I T O P A L A Y E T L H I
A P A O E C S A U R G J O N
T A N J T Y X S X I V G R I
A R E T K O D A A A G G M L
P E U K G H T I W K S M O K
E T C L V J E B T C T I N O
N D D M T G N A L U T I W P
B L I N J S B K U B H O P S
```

AKTIP
BAKTERI
TULANG
KLINIK
DOKTER
PATAK
KABIASAAN
TINGGI
HORMON
LAPAR

UBAR
OTOT
SARAF
APOTIK
REFLEKS
RÉLAXASI
KULIT
TERAPI
PERAWATAN
VIRUS

48 - Town

```
A S U P E R M A R K É T S I
P C A J M M P L L Z L H T O
O F U E U B A N D A R A A T
T K B T S P U S T A K A D Z
I D O E E Z Y A B R J V I D
K T E T U B S Z W A N D O Z
I M B X M M A P R S K U N A
N H O T E L K W X A Y E W O
I R E L A G O B S P B X R F
L H O E A K L B D P P E E Y
K I P C S R A F A Y G H T C
S A T I S R E V I N U W A L
O W S S T F K R H H K K E V
B I O S K O P G O J U N T B
```

BANDARA
BAKERY
BANK
BIOSKOP
KLINIK
GALERI
HOTEL
PUSTAKA
PASAR

MUSEUM
APOTIK
SAKOLA
STADION
TOKO
SUPERMARKÉT
TEATER
UNIVERSITAS

49 - Antarctica

```
G L I N G K U N G A N C A I
N L T E L U K X T X G C D O
U M A T O P O G R A F I L H
J A X C H O N E B H Z A H A
N N I K I T G N U L A N A P
A U H U S E D C B B Z A R J
N K I I A E R U A U D U J W
E É P L V H K S W K C B I W
M R S M R P R H A G L H H D
A K Z I E W B M N F M V T J
S P W A S T A R I N G G U L
J K X H N E K S P E D I S I
P E U D O E B O O E P U L O
N O B P K G É O G R A F I D
```

TELUK	ÉS
MANUK	PULO
AWAN	HIJRAH
KONSERVASI	SAMENANJUNG
BUANA	PANALUNGTIK
BUCHT	TARINGGUL
LINGKUNGAN	ILMIAH
EKSPEDISI	SUHU
GÉOGRAFI	TOPOGRAFI
GLACIERS	CAI

50 - Human Body

```
B O B N R I H T R Y Z O K B
R O E D C K V A S A G A E S
V J U X G H F N V H H J A I
K L N V K I V G L U A A S K
U M G H A T É K A T O E N U
L S E K D E D U K U S O H G
I I U R K G I N M B A E L N
T R T V A U Y G N A L U T U
S A E H T R O T S H I E U R
I H P E R Y A N S A A O U I
W L B G N U Y M W F L U R D
L E U N G E U N O D A G F T
Z S P E K D J F O R P P I I
K S O B C W R Y G T U U D C
```

TANGKUNG	SIRAH
GETIH	HATÉ
TULANG	RAHANG
OTAK	TUUR
GADO	SUKU
CEULI	BUTUH
SIKU	BENGEH
BEUNGEUT	IRUNG
RAMO	TAKDAK
LEUNGEUN	KULIT

51 - Musical Instruments

```
C H E F T W T P L U F P B J
R E O Y C O A G E O B O I T
H W L O F L M X M R Y X O P
F N B L W W B N A C K Y L E
R K R E O V U G I L Z U A H
S U L I N G R A T I G V S Y
M U R D X B G O N G C E T I
B A L O P A C L A R I N E T
A Y N I U N B B B A P O P N
S C B D S J L U M R A B M H
S K W F O O N A I P C M O Z
O O B M Z L R S R S A O R Z
O N E G E Z I J A P K R E W
N J B N Z X D N M I Y T T J
```

BANJO	MANDOLIN
BASSOON	MARIMBA
CELLO	OBOE
CLARINET	PERKUSI
DRUM	PIANO
SULING	TAMBUR
GONG	TROMBONE
GITAR	TEROMPET
KACAPI	BIOLA

52 - Fruit

```
F A N I R A T K E N O L É M
C P N M T D Z Y L F K J R S
A A G G N A M T E K U P L A
U L D L G V V Y P K E L H N
K A P M A U B M A J Y D R A
U K I G V Y R R E B N S D D
C X R G E D A N G W A O H J
S É O H N N Y B S M R B X G
L Z R M N E K I I A O U A V
Z W C I W I K H A U B A L X
B U A H P R A M B U S H É W
V F G I L Z R A N R K P M Z
M D L B L F G P D P C I O L
Y X S J R B R F F S L R N E
```

APEL
ALPUKET
CAU
BERRY
CÉRI
KALAPA
GBR
ANGGUR
JAMBU
BUAH KIWI

LÉMON
MANGGA
MÉLON
NEKTARINA
ORANYEU
GEDANG
BUAH PIR
PIR
DANAS
BUAH PRAMBUS

53 - Engineering

```
M O X B O R F V P E R W U R
K E K U A T A N R N H Y I U
N T U D U S Y T O E V X S I
X D B K W Y W F P R P W U U
J S M A U W F B U G J X B L
B I U B T R G R L I N E I E
Z U S C A J A V S N A Y R R
R O D C A I R N I S E M T O
I T U N G A N X O S Y H S T
B A N G U N A N N L O K I O
D I A G R A M W L S P L D M
D I A M É T E R N A S X A V
S T A B I L I T A S R T Y R
F E S T R U K T U R D S H C
```

SUDUT
SUMBU
ITUNGAN
BANGUNAN
JERO
DIAGRAM
DIAMÉTERNA
SOLAR
DISTRIBUSI

ENERGI
CAIR
MESIN
UKURAN
MOTOR
PROPULSION
STABILITAS
KEKUATAN
STRUKTUR

54 - Kitchen

```
S A K L U K V G N A P K I N
B V D E Y F K I O G M W E R
D H L A T A N S V W A S E S
O E X L H E G K O D N E S O
P C C S I A L I B R G W U Y
J U G J D R R E L I K R M S
M B H F U E G E L K U U P D
V M Y S E S T S U G K O I R
G U D H Z E Y A L N J X T O
A B W J I P T P O A X A D V
R H M J J L K R B C G I F E
P X R H O E S O S E P A V N
U J V Z P P U N E L X D W R
H T Y M Y F R E E Z E R R K
```

APRON   KETEL
MANGKUK   PESOS
SUMPIT   NAPKIN
CANGKIR   OVEN
DAHAREUN   RESEP
GARPUH   KULKAS
FREEZER   BUMBU
GRILL   BOLU
JUG   SENDOK

55 - Government

```
M G K U N M M H S S I D U J
L M V O A X Z C A D R E I K
T U G U N H G S W A U M E A
A K L I I S N P A M C O N A
X U A C P B T Y L A A K A D
M H M L G A P I A I P R S I
U X B H N N S O T F A A A L
M R A U I G S A L U N S B A
E K N L P S N C R I S I É N
Z V G A R A G E N U T I B U
D J C B P C W H B A A I A B
C D N A A K E D R E M A K K
E O X V F R K S C L E D K I
G W K B I C X P D C N F D D
```

PNS	PINGPINAN
KONSTITUSI	KABÉBASAN
DEMOKRASI	TUGU
SAWALA	BANGSA
SARUA	DAMAI
KAMERDEKAAN	POLITIK
JUDIS	UCAPAN
KAADILAN	NEGARA
HUKUM	LAMBANG

56 - Art Supplies

```
G D J V P C G T A K I S T K
A R H G E E A A A H C U I R
N K L A Y J G B V I X P N E
I V R V I M A E B H L U T A
L L S I H S S L K P E M A T
É V G C L S A J O T S A V I
M S K D N I N A R N A P W V
K A M E R A K O S S E W H I
O K P W T C P A I P T K P T
Y E S G W W U O Y E K C H A
B R F Y L U N X I N C W W S
R T D X O G A U J S I S F L
C A G L N H G A F I U M T N
V S T I D G X Y P L I U I R
```

AKRILIK
SIKAT
KAMERA
KORSI
LIAT
KREATIVITAS
EASEL
PAMUPUS

LÉM
GAGASAN
TINTA
MINYAK
KERTAS
PENSIL
TABEL
CAI

57 - Science Fiction

```
P F O Z O A K Y R S X R L M
L B A I M I K X L B U K U M
A J W N G C P A T O M I E I
N R O Y T Y O L D Z V T R S
É U O O U A K A C O W S A T
T I L B P F S G X I W I O E
W G M W O C O T S B D R R R
T L D A F T I Z I J T U A I
B A U H G K B Y Y S O T C U
I L U S I I A I P O T U L S
Z I G O L O N H É T M F E T
E K S R E M E A S E U N E U
L E D A K A N F R H N K N H
D Y S T O P I A Y N U D K D
```

ATOM	GALAXY
BUKU	ILUSI
KIMIA	IMAGINAR
BIOSKOP	MISTERIUS
DYSTOPIA	ORACLE
LEDAKAN	PLANÉT
EKSREME	ROBOT
FANTASTIS	TÉHNOLOGI
SEUNEU	UTOPIA
FUTURISTIK	DUNYA

58 - Geometry

```
M E D I A N A A M A S R E P
K U R V A P I L V N S S P T
L O G I K A N O L L F I A I
H O R I Z O N T A L N M R G
T G H S Y T E O R I B E A A
M H P Y B S W L F S E T L D
Z A B U N D E R A N U R É I
A Y S V A E R O M O N I L M
W P T A G E M Y T B G E T E
S X X T N Z M G S L E I I N
Z U E M U H J T E O U A N S
O B D M T D I L V S T I G I
V O H U I S R O P O R P G U
A N R E T É M A I D A Z I U
```

SUDUT
ITUNGAN
BUNDERAN
KURVA
DIAMÉTERNA
DIMENSI
PERSAMAAN
TINGGI
HORIZONTAL
LOGIKA

MASA
MEDIAN
NOMOR
PARALÉL
PROPORSI
SEGMEN
BEUNGEUT
SIMETRI
TEORI
TIGA

59 - Creativity

```
V  I  I  F  V  E  M  B  R  A  B  M  A  G
I  S  N  I  J  C  D  A  O  R  A  X  W  X
S  O  P  T  E  I  S  I  U  T  N  I  H  S
I  M  H  N  É  I  S  A  R  I  P  S  N  I
E  E  F  E  M  N  I  E  U  S  V  I  A  K
V  F  K  V  K  U  S  S  P  T  E  M  S  E
S  P  O  N  T  A  N  I  R  I  O  A  A  M
S  H  G  I  I  A  A  T  T  K  X  G  L  A
E  R  T  N  N  A  S  A  G  A  G  I  E  H
N  J  B  F  R  Y  A  M  Y  U  S  N  J  I
S  F  J  Z  Z  X  B  A  W  Z  K  A  A  R
A  Z  H  L  W  D  A  R  A  I  S  S  K  A
S  L  L  M  Y  N  B  D  L  C  S  I  D  N
I  K  A  A  S  L  I  A  N  O  A  C  F  C
```

ARTISTIK	INSPIRASI
KAASLIAN	INTÉNSITAS
KAJELASAN	INTUISI
DRAMATIS	INVENTIF
EMOSI	SENSASI
BABASAN	KEMAHIRAN
GAGASAN	SPONTAN
GAMBAR	VISI
IMAGINASI	

60 - Airplanes

```
P L T O L I P T T R T Z R V
A H A R A Z K F G I I B Z Y
N I K N G I S E D W N Z U G
G D G P D N A S C A G U E B
E R N O L A B I P Y G O B H
N O I X U G K Z R A I B A Z
T G T I G N A L A T E S U J
A E I N D A A S U A S A N A
K N H H D L W G B T V K W L
X T N I E A A C B D U C W O
M E S I N U K M M S G R E T
M K C S P T A K C I L S U Z
S O N H B E S E H Y E V L N
E R A B Z P B A N G U N A N
```

PETUALANGAN   MESIN
AIR   BBM
TINGKAT   TINGGI
SUASANA   RIWAYAT
BALON   HIDROGEN
BANGUNAN   LANDAK
AWAK   PANGENTAK
TURUN   PILOT
DESIGN   LANGIT
ARAH

61 - Ocean

```
K T G M T U B I R A D Z S S
Y S B U I H Y R S X C H N M
K U Y A R M Y A B O L U L T
O H M A R I T F H C L M C U
N A K I I U T U L E B V G N
B R T T X K R A A L G A Z A
Z A O H P Y V D G F N I J D
Y P G N A D U B U R U B U R
B U L I S G E L O M B A N G
L D Y H U J R O O S G H M C
U H K U R T O K Y N R J C K
K X H F U O C K O C L R O J
A N B J A B M U L A B M U L
S Y Z G N A R A K M G U K J
```

ALGA	UYAH
PARAHU	HIU
KARANG	UDANG
YUYU	BOLU
LUMBA-LUMBA	RIBUT
BELUT	PASURUAN
IKAN	TUNA
UBUR-UBUR	KUYA
GURITA	GELOMBANG
TIRAM	LUKAS

62 - Force and Gravity

```
M W A U O C É O K B K N R D
M W C H G I H K A R A J P I
E A E E I N A P S C X C G N
L M Z W I A I R M P W U A A
B K S E D N P A E P A C L M
O R B I T A C A K H K N A I
R C J U T K A W A H I E S S
V B W J A E J M N K S S R I
E U L A S T N J I U I G E S
E S Y L U A A G K M F S V E
A G S H P D F A A S Z J I M
Z N Z D K Z L U B M U S N P
S I P A T B E U R A T D U B
P A M A N G G I H A N Z H Z
```

SUMBU	ORBIT
PUSAT	FISIKA
PAMANGGIHAN	TEKANAN
JARAK	SIPAT
DINAMIS	LAJU
ÉKSPANSI	WAKTU
MAGNETISME	UNIVERSAL
MEKANIK	BEURAT

63 - Birds

```
I  N  I  H  S  P  U  C  O  P  H  B  P  K
N  Z  L  Z  W  U  E  N  K  W  U  S  I  U
W  O  R  R  A  P  S  L  P  M  I  U  N  N
G  B  T  I  N  D  Y  L  I  J  O  B  G  T
A  A  E  C  U  C  K  O  O  K  U  O  G  U
P  D  Y  B  B  O  H  H  U  A  A  T  U  L
E  Y  F  O  E  M  N  Z  T  R  J  N  I  S
W  G  C  G  M  K  B  M  B  E  O  Y  N  I
G  K  A  N  A  R  I  S  I  M  G  U  L  L
N  A  Y  I  Y  M  U  O  E  B  F  K  H  C
A  W  G  M  A  Z  U  A  G  N  A  B  N  C
L  H  B  A  H  D  W  N  A  C  U  O  T  X
E  L  N  L  K  J  M  G  O  D  N  E  O  J
I  P  I  F  M  A  N  U  K  O  N  T  A  E
```

KANARI	KUNTUL
HAYAM	MANUK ONTA
GAGAK	BEO
CUCKOO	MERAK
BEBEK	PELIKAN
ELANG	PINGGUIN
ENDOG	SPARROW
FLAMINGO	BANGAU
SOANG	SWAN
GULL	TOUCAN

64 - Politics

```
D R D O W P S D J U M P J J
N A G E D A M A P R B A S P
E T I K A J N E R C U M D R
R U P C G A I A Z U Z A R V
E U D G C K I G E T A R T S
Y T X G D J B Z F M E E P V
N K A B E B A S A N J N I T
A A K T I V I S Z X H T L K
P O P U L A R I T A S A I O
M K A N G G O C S K O H H M
A N H W Y X F A X I R H A I
K I T I L O P L U A L L N T
W O H O A U O O U B X O B E
C A E I S X K N D S W W P S
```

AKTIVIS
KAMPANYE
CALON
PILIHAN
KOMITE
SARUA
ETIKA
KABEBASAN

PAMARENTAH
PAMADEGAN
POLISI
POLITIK
POPULARITAS
STRATEGI
PAJAK
KANGGO

65 - Nutrition

```
F E R M E N T A S I S C W V
J N X G U P S A T I L A U K
R A C U N A P S H T N K U U
U F A S E I H A F E Z C S S
H R K K M T W R C S S W A B
K I Z N A F S U I T I Z I G
T A R D I H O B R A K X M P
V C S D I E T L O R F N B R
I W J É R Z W T L U R Y A O
T K N F H V A N A E T E N T
A I C M N A S A K B D R G É
M M W J D V T N A L P N R N
I C R H R T D A Y W Y A R B
N S O J C J M G N T C B H T
```

NAFSU
SAIMBANG
PAIT
KALORI
KARBOHIDRAT
DIET
NYERNA
PLANT
FERMENTASI
RASA

KASÉHATAN
SEHAT
CAIR
GIZI
PROTÉN
KUALITAS
SAUS
RACUN
VITAMIN
BEURAT

66 - Hiking

```
B N A M A T U O X U C S L C
G A O R I E N T A S I S F E
U G T I M Z A A S H S R U L
N N A U B I É S I A P K J N
U U R A O L P E T A P M E Z
N P U V W I A Z T C O A K X
G M E J X P C Y H G G C T R
O E B P E R S I A P A N Z U
G G T H O A I C G U U J G M
N R V R N I I K A W W T R Y
A L A M I L K I W I M Z Y R
E V W I Y L C F I M C A I B
Y L N I O S I H R W C M X D
K É M P I N G Y L Y Y S L L
```

SATO	ORIENTASI
SAPATU	TAMAN
KÉMPING	PERSIAPAN
GAWIR	BATU
IKLIM	GEMPUNGAN
BEURAT	SUN
PETA	CAPÉ
GUNUNG	CAI
ALAM	LIAR

67 - Professions #1

```
P N I G M R I K N A B G T V
M A H W O H K A T U D O U S
B W N T N F I R U Y A L K X
A E I A O K S T P S H O A N
A H P T R F U O A A N K N S
M Y H S T I M G G L S I G T
K A M A S A N R N M A S L G
E R P L A Z C A G A V P E É
D D S A H Z X F N N A Y D O
Z S I N A I P E A É L M E L
Y R E T N U H R K R D X N O
N P Z S O X A W U É N D G G
V M D Z D R R E T K O D R I
B O E P A N G A C A R A P F
```

DUTA   HUNTER
ASTRONOM   KAMASAN
PANGACARA   MUSIK
BANKIR   MANÉRÉ
KARTOGRAFER   PIANIS
PALATIH   TUKANG LEDENG
PANARI   PSIKOLOG
DOKTER   LAYUR
EDITOR   TUKANG NGAPUT
GÉOLOGI   HEWAN

68 - Barbecues

```
L R E D N S F D L H S S G M
W W G N A W A B B O A A Z F
P E S O S H A U B J L Y E A
Z K O W U T A L Y M A U Y T
V H Y R K Z P R Y R D R G I
B R Z A M H N V E U S A O B
K A U L I N A N K U F N M R
U P I L Z M A Y A H N M A J
F A G R A W A L U K B U T M
E L U S U M P A N A S S N D
S A N A P V P P M T O I D U
F A D D G R I L L C L K S X
T H U P R A G B A R U D A K
V O T S B A B A T U R A N S
```

HAYAM
BARUDAK
KULAWARGA
DAHAREUN
GARPUH
BABATURAN
BUAH
KAULINAN
GRILL
PANAS

LAPAR
PESOS
MUSIK
BAWANG
SALADS
UYAH
SAUS
USUM PANAS
OMAT
SAYURAN

69 - Chocolate

```
V D G B R B A H A N A M I S
I W I L Y E I T L P V K K D
Y P F K H E S E U Z P A U K
I A O Y J I L E G E W L A M
X C M R F T T U P P E O L O
A N T I O K S I D A N R I E
K A R E S E P G J T P I T Z
K W X L D J S N I I Y G A K
J A A P U G S E D A P B S A
H X R J C G V H K P J N U L
R I W A L D J A C A C A O A
A Z H M M K A C A N G X L P
S P K E L E B S A I V C X A
A S E F S C L W S N X X U M
```

ANTIOKSIDAN	KARESEP
PAIT	BAHAN
CACAO	KACANG
KALORI	KUALITAS
KARAMEL	RESEP
KALAPA	GULA
SEDAP	AMIS
AHENG	RASA

70 - Vegetables

```
K Z S E J Y V T Z H O S T B
T A F F A C Y T O Z X V K O
U P C D H L Y I O M B B S N
R U E A É J W N A I A D B T
N S W L N U T I A Z M T A É
I X D C W G N A T N E K W N
P L A B U H P B J V Y Y A G
P S A E E J T O R G A D N N
O X E I H S G J L O B G G O
S E L É D R I P I O K Z V R
I S H S A S C V W N N O G É
D O O K L E T R O W Z G L T
A X U T A R V M Z M U M H I
R I L E S R E T E P F X I X
```

BROKOLI	PETERSELI
WORTEL	KACANG POLONG
SELÉDRI	KENTANG
BONTÉNG	LABUH
TÉRONG	RADIS
JAHÉ	SALAD
SUPA	BAYEM
ZAITUN	TOMAT
BAWANG	TURNIP

71 - Boats

```
A L J N T B L S R M A P M R
E N H P A I L A T D W A U K
L A Y U R U H P T U A L I Z
K G Z O W E T A T I K A R B
T N I S E M Y I N M A M R Z
Y U X P S E E N S G Y P E K
Y L S A G A R A Y E A U F D
X A J G Z L Z E H Z K N T I
H W U Z M J T T T W E G X U
O O J G O P D U S K I S A T
J R Y P A S A N G L O A V I
P A R A H U L A Y A R D Z L
K R K J A N G K A R U Y B N
K A P A L L A Y A R X W A V
```

JANGKAR	NAUTIS
PALAMPUNG	SAGARA
KANU	RAKIT
AWAK	WALUNGAN
DOKTER	TALI
MESIN	PARAHU LAYAR
FERRI	LAYUR
KAYAK	LAUT
TASIK	PASANG
TIHANG	KAPAL LAYAR

72 - Activities and Leisure

```
E  S  W  H  W  H  G  V  T  E  N  Y  C  B
T  I  N  J  U  A  O  B  M  É  D  O  P  A
O  N  Z  U  T  O  L  N  D  F  N  V  J  S
M  E  N  O  J  L  F  O  U  B  D  I  E  E
G  S  A  S  A  L  O  B  K  A  P  E  S  B
B  N  N  V  H  F  Z  E  K  K  C  H  J  A
Z  M  A  L  E  Y  N  G  N  I  K  I  H  L
T  Z  L  Y  W  X  G  N  I  P  M  É  K  L
N  G  A  J  A  N  G  K  E  U  N  N  P  Z
F  R  J  W  I  L  O  V  F  F  I  G  C  U
W  A  R  G  I  E  A  R  W  C  N  O  I  A
N  L  E  J  Y  C  Z  G  D  J  I  J  X  E
R  I  P  N  U  Y  B  N  N  H  F  A  O  J
R  E  U  R  E  U  H  D  F  F  V  Y  P  L
```

SENI
BASEBALL
WARGI
TINJU
KÉMPING
NYELAM
NGAJANGKEUN
NGEBON
GOLF

HIKING
REUREUH
SEPAKBOLA
NGALAYANG
NGOJAY
TÉNIS
PERJALANAN
VOLI

73 - Driving

```
K B V Y S B G V M Y Z H T I
A N U E U B V F O C L H I N
A A T E P M Y A T M C X B I
M A A P I S I L O P N E O R
A K L Z R L A L I T A S T P
N A I R T S E D E P L K B P
A L B I R B U M G S A L A B
N I O D E R T X O C J Z H I
G C M O M B W X L T X N A L
N A G N O W O R O T O J Y A
I K R Y B X F W V I H R A J
G I S A T R O P S N A R T U
P A C T S T R U K L O S B P
C C S S U I S N E S I L E P
```

KACILAKAAN	MOTOR
REM	PEDESTRIAN
MOBIL	POLISI
BAHAYA	KAAMANAN
SUPIR	LAJU
BBM	JALAN
GARASI	LALITAS
GAS	TRANSPORTASI
LISENSI	TRUK
PETA	TOROWONGAN

74 - Professions #2

```
B Z R E F A R G O T O F P I
D I G I G R E T K O D I E N
E L O W A R T A W A N L L S
T H R L I N D O X D A O U I
E A O T O N O R T S A S K N
K C U R U G U L K W D O I Y
T P J E R J I N B W Y F S U
I I A T I L U S T R A S I R
F L V K P A N E M U D B M T
J O L O O B M O M H N E M G
I T I D P A I G B Y F D D W
P U S T A K A E U E P A V L
A Z W C A M D P Y O K H B K
T P A T A N I T M R C S P M
```

ASTRONOT	PUSTAKA
BIOLOGI	AHLI
DOKTER GIGI	PELUKIS
DETEKTIF	FILOSOF
INSINYUR	FOTOGRAFER
PATANI	DOKTER
KEBON	PILOT
ILUSTRASI	BEDAH
PANEMU	GURU
WARTAWAN	

75 - Mythology

```
C Y A P Z H O C K C H L S A
N E E F W T D S X C L P Z Q
Y P M M O N S T E R M H L I
I Y A B K E K U A T A N A D
P T D W U X C R V J L A N A
T E N W C R U L U G E V G H
A H E B Z H U M D N G C I P
M C D K I L A T F A E I T A
A R N Y C S K A X U N M B H
L A B I R I N P Y K D A Z L
A M U S I B A H E A A H R A
K M A F A N A T C L D L S W
A K S O L D A D U A Y U S A
T U X Y Z E E R U K W K B N
```

ARCHETYPE	CEMBURU
KALAKUAN	LABIRIN
AQIDAH	LEGENDA
NYIPTA	KILAT
MAHLUK	MONSTER
BUDAYA	FANA
MUSIBAH	DENDAM
LANGIT	KEKUATAN
PAHLAWAN	GULUR
AKAL	SOLDADU

76 - Hair Types

```
D D V L B N M L E D N A K Y
G R R J K E X S I P I N Y D
S D I V U N Z E A L B R Z T
A K B O T A L K O C A A R P
D Z R I B R D Y O I R W Y L
O Z W I F E H É R A N G F F
B T G P Z G N U E D I H W A
O I Y W G N A R I P D C K N
T I L D G A H Y G A L I N G
A T P C E P R R D O F E L T
K R A U R I M I E L A U W H
P K W A B D Y G N U L U K I
X I S E H A T I B G D Z F P
P O N D O K B G H U U S W U
```

BOTAK
HIDEUNG
PIRANG
DIPANGERAN
COKLAT
WARNA
KULUNG
GALING
GARING

ABU
SEHAT
LILA
HÉRANG
PONDOK
HIPU
KANDEL
IPIS
BODAS

77 - Garden

```
N L O T R K R P U W N P L G
U N G W U A X O W P P A G K
K D N E N W E K A R X G R U
G H I T G A B E Y D A E I H
N N L D K L S S U D A R T G
A H O S U I C K N F S X É N
B Z P L N O I S A R A G R N
K E M B A N G O N I J N A L
J K A T C B X E I G U I S O
T W R V A I R U B M K E W Z
F Y T B R M G N U N U R K N
S E L A N G A H D I T H K D
T A N G K A L N D Z X H N D
A G C K L T B G X O L F O M
```

BANGKU
RUNGKUN
PAGER
KEMBANG
GARASI
TAMAN
JUKUT
AYUNAN, IBU.
SELANG

KAWALI
BALONG
RAKE
SEKOP
TÉRAS
TRAMPOLIN
TANGKAL
RUNUNG

78 - Diplomacy

```
K D D H A T N E R A M A P A
O D I R K S X S S E S U F K
M R Y K I O A K S P D I U G
U R O I T C M B X O U S N D
N T S T E F W T L L T U A G
I K A A D I L A N I A L A D
T B T M A S K H T T G O S K
A G I O H U B I A I R S U A
S J R L D L V S L K A I N A
K W G P F O P A A F W V A M
S Y E I U S Z N W E N B M A
F V T D L E J E A M Z O A N
I T N T G R X P S N R W K A
C Z I P A K E D U T A A N N
```

PENASIHAT	PAMARENTAH
DUTA	KAMANUSAAN
WARGA	INTEGRITAS
KOMUNITAS	KAADILAN
KONFLIK	BASA
DIPLOMATIK	POLITIK
SAWALA	RESOLUSI
KEDUTAAN	KAAMANAN
ETIKA	SOLUSI
ASING	

79 - Beach

```
R O M E X T G R U Z R D S P
I O J E K K U O W O A O M S
K P E J U A H L L T Y K C A
H E N L L W T U A L A T Z N
O P U R U J E P I G L E R D
Z A N S T C J C I D U R A A
H B J R I S I S A B H N R L
C I G P V K W R I L A U A X
M K G G G H A Y B L R S G J
H A D U N I W L U H A R A P
N N P E N Z K S R Y P K S F
K A R A N G Z J I K U D N A
P A Y U N G H X B C K E V L
X M C I O Y X T C R H V U D
```

BIRU
PARAHU
BASISIR
YUYU
DOKTER
PULO
LAGUNA
SAGARA
KARANG

PARAHU LAYAR
KEUSIK
SANDAL
LAUT
SUN
ANDUK
PAYUNG
PABIKAN

80 - Countries #1

```
M L Z S O I L A T I J W R P
F A I P E H S F W V P P O Y
I L R B P Z Y R I T T C M F
N É O O Y X T P A I V T A L
L U S D K A R I I E M S N O
A Z J N A O B P G L L F I Y
N É F P T D K Y É C I P A N
D N M E S I R D W A S O V A
I É H C C J P V R X A L I P
A V E I D K B S O D R A E S
J É R M A N B E N E B N T K
K A N A D A M A N A P D N L
N I K A R A G U A C N I A F
S E N E G A L R Z K W A M X
```

BRASIL	MAROKO
KANADA	NIKARAGUA
MESIR	NORWÉGIA
FINLANDIA	PANAMA
JÉRMAN	POLANDIA
IRAK	ROMANIA
ISRAEL	SENEGAL
ITALI	SPANYOL
LATVIA	VÉNÉZUÉLA
LIBYA	VIETNAM

81 - Adjectives #1

```
M S K U X M S E E G A F C F
U T N A B S K I T A M O R A
T D Z G S R I G W U B U H I
L Z Y N H L T U P R I H G Y
A C J W N D S L H A S I P I
K M E N A R I K J S I G T B
A E D Z V K T Y U V U E Z A
S E R I U S R Z J I S U P G
P O E K E B A P U I X L E J
M L A M U N Y N R K G I N A
X O B E U R A T X F I S T H
I A D B E R H A R G A B I V
W F X É J E L E M A U S N R
M T D G N E H A C N V O G Y
```

MUTLAK	BEURAT
AMBISIUS	BANTU
AROMATIK	JUJUR
ARTISTIK	SARUA
MENARIK	PENTING
GEULIS	MODÉN
POEK	SERIUS
AHENG	LAMUN
JELEMA	IPIS
BAGJA	BERHARGA

82 - Technology

```
P D F H Z I S O F T W A R E
W E G X C N F V V D Y K A M
K W S K I T S I T A T S Y N
B V U A O E K U R S U S A X
G A R N N R E S W O R B L T
P C I M P N Y A R S W A F L
U U V T D E H B B H W E I D
L U Z B D T K U O A Z C L I
K A A M A N A N D A T A E G
X B J L T Z K A M E R A B I
K O M P U T E R K S O T G T
V I R T U A L O L Z B V O A
J K N N X C X X S E Y O Z L
C A B L O G R Y W A L U C D
```

BLOG	INTERNET
BROWSER	PESAN
BAIT	LAYAR
KAMERA	KAAMANAN
KOMPUTER	SOFTWARE
KURSUS	STATISTIK
DATA	VIRTUAL
DIGITAL	VIRUS
FILE	

83 - Landscapes

```
R G U S L A U T D G T D W W
I U L A R D N U T A A A A U
A N S G P W W I R W S G L L
T U J A G A Y A A I I U U L
N N H R J J S M L R K H N A
A G G A A V U I E E H A G O
P U L O W M S G R Z B G A A
S A M E N A N J U N G A N S
H S T B U A R E S Y E G K I
F N B U R G L A C I E R I S
C W V H U I I O U H V K S W
F U S E G N U N U G U R U C
I D R P Y R P Y P L W W B U
X T W F V J I D Z T L C P U
```

PANTAI	OASIS
GUHA	SAGARA
GAWIR	SAMENANJUNG
GURUN	WALUNGAN
GEYSER	LAUT
GLACIER	RAWA
PASIR	TUNDRA
GUNUNG ES	LEBAK
PULO	GUNUNG
TASIK	CURUG

84 - Plants

```
T O B O B I V Y T U N A B W
U A R O L F L G A B S T E I
K W M O G M X E N R P J R G
U I W A D J M H G A M I R I
J M Y G N A C A K K B A Y G
P U P U K Z R L A A X M Z X
N W V S D S U E L L I P E F
C L U K U T N U F V I V T K
R A K U W N G W H L N Z D W
S M X Y G E K E A F A M K D
K A K T U S U U J B T K U E
U M D Z B R N N N P O L O C
A F I S A T E G E V B R W P
D A N G D A U N A N H H G V
```

AWI	LEUWEUNG
KACANG	TAMAN
BERRY	JUKUT
BOTANI	IVY
RUNGKUN	LUKUT
KAKTUS	LAKOP
PUPUK	AKAR
FLORA	BOBOT
KEMBANG	TANGKAL
DANGDAUNAN	VEGETASI

85 - Boxing

```
N W G V B R Z K V B P H V S
A A X K É K É T O É U I N I
W Z R M A I U O L L L Z S K
A M J I K B F D R G I R Y U
L P I V H A W A K K H M X R
D B E R S A N G W B J D F U
U J X J S L M B A E P G N J
R U O T U D C E W A S I T H
M U D Z P A F O K U S P M P
W J M H P P N P H A R L T R
W G A H S I Y G N U R A S H
A Z B N T W I L F H G O I L
T Y Y A Y F W A X L Z U F E
K E K U A T A N S I R R A I
```

BÉL

AWAK

GADO

JURU

SIKU

BÉAK

PEJUANG

FIST

FOKUS

SARUNG

TÉKÉK

LAWAN

PULIH

WASIT

KEMAHIRAN

KEKUATAN

86 - Countries #2

```
I N P Z J É R B R B I T G P
R I A D A T V K T B Y M O A
Y G K L M I T M V S L R M R
U E I A A O X K U U Y H E A
N R S O I P N M R D D U Z N
A I T S K I O E V A I R Y S
N A A U A A N N P N M G T J
I I N G F I A H K A F N Y R
Y N L A B L B U W H L A É J
X A X N X A I S U R I P G D
I B P D C M L J Y K V E Y K
C L S A J O C I X E M J P E
H A I T I S X L I B E R I A
S U E U H H U K R A N I A K
```

ALBANIA	MEXICO
DÉNMARK	NEPAL
ÉTIOPIA	NIGERIA
YUNANI	PAKISTAN
HAITI	RUSIA
JAMAIKA	SOMALIA
JEPANG	SUDAN
LAOS	SYRIA
LIBANON	UGANDA
LIBERIA	UKRANIA

87 - Adjectives #2

```
N B B C H F Z C M A L A H K
X G L D Z K Y S P S Z O H A
I R S U E U E R R I M E T S
C Y C E R L K A O N P F R O
I D I O H I V P D T I I O H
R E L A W A X A U U S T T O
E X B E O N T L K R A P E R
B L A R K T A F T U N I N A
I I E U R L U I I N H R T I
D E E G R Z K P F T T K I L
L V I G A P I P A N A S K Z
C B Z N Y N X C X V K E P O
T N D T N G A R I N G D R L
B M K D A X S H Z F X F E K
```

OTENTIK	PISAN
KREATIF	ALAM
DESKRIPTIF	ANYAR
GARING	PRODUKTIF
ELEGAN	REUEUS
KASOHOR	WALER
DIBERI	ASIN
SEHAT	TURUN
PANAS	KUAT
LAPAR	LIAR

88 - Psychology

```
S E N S A S I S O M E P R G
K I T U E L K A D U B E E X
I L T T Y I O H Y M E R A G
N A I A L I N E P V E S L U
W M D P R J F A O D W E I P
H I I V K L L I S O C P T M
N A I D A B I R P A K S A A
T E R A P I K S E G G I S S
K A L A K U A N Y S J A K A
P I K I R A N F D I V V G L
N G I M P I K O G N I S I A
D Z X O J A R A D I P A K H
L O A E G O N A Y L M T O X
B L K Y Y F T L M K O I F O
```

PENILAIAN   GAGASAN
KALAKUAN   PERSEPSI
BUDAK LEUTIK   KAPRIBADIAN
KLINIS   MASALAH
KOGNISI   REALITAS
KONFLIK   SENSASI
NGIMPI   TERAPI
EGO   PIKIRAN
EMOSI   KAPIDARA

89 - Math

```
P E R S A M A A N C S M G S
A P E J I N E X P O N E N T
R A T S M I R T E M I S I P
I R E X K R K E O O B B L A
T A M S U D U T T L M H I N
M L I G P G A I X É D C R G
É L R F É I L K N L M U U K
T É E Z X O A R L A Z A K A
I L P P Z B M R G R A G I T
K O J N Z O I É C A R M G D
V G F R A K S I T P C Z B P
E R U B X M E K H R D S A R
N A B H G F D M C C I M T Y
X M E P O L I G O N M M E B
```

SUDUT	GÉOMÉTRI
ARITMÉTIK	PARALÉL
KURILING	PARALLÉLOGRAM
DESIMAL	PERIMETER
DIAMÉTERNA	POLIGON
PERSAMAAN	PANGKAT
EXPONENT	SIMETRI
FRAKSI	TIGA

90 - Water

```
V H K X J N A G N U L A W J
G B U F C S F R E S Y E G M
S A X F N A K I R U H H N Y
W M O U Z Z A N Y M N M A G
Z V G S O A N A S O R O B R
N N O S U M A J A O I G M P
N A U A P I L U O B L O O J
H R M B B G T H K Y A O L A
O U F W I S A G I R I P E R
V C C F Y K J S S Y C U G L
O N B A G F E T A R A G A S
P A N Y A N G G T L C Y C T
Y P B Y W H N K D É J E H P
Y Z C E U L O W Z S G U V A
```

KANAL	UAP
NGEJAT	MUSON
CAAH	SAGARA
IBUN	HUJAN
GEYSER	WALUNGAN
ASOR	PANCURAN
HURIKAN	SALJU
ÉS	USUM
IRIGASI	GELOMBANG
TASIK	

91 - Activities

```
F K W U P N J A H I T I K W
X O E L U G K G D T T M F E
K H X F Z E N Z V N T B J M
J E R M Z B Y M D F O O P G
L A R S L O R O M I W H E F
L U C A E N A T A I G A K N
G C A N J K E M A H I R A N
U K M N Z I F A R G O T O F
G B A V G X N P E L E S I R
M E C U E I S A X A L É R W
I A A N U E K G N A J A G N
S J G K É M P I N G S T J C
N K L I S E N I H I K I N G
F K G V C K A U L I N A N P
```

KAGIATAN	LUANG
SENI	MAGIC
KÉMPING	FOTOGRAFI
KERAJINAN	PELESIR
NGAJANGKEUN	PUZZLE
KAULINAN	MACA
NGEBON	RÉLAXASI
HIKING	JAHIT
MORO	KEMAHIRAN

92 - Business

```
B G A N G G A R A N T O S R
X U N V X J Z S D H O X T P
B R D I S K O N U V K N T A
P U T U K E U R I O O I K G
K A B I A Y A D T K M U P A
K A N A G N U N U D X N G W
A A N G P A U S A H A A N E
J T R T H É K O N O M I A P
A U M I O A X E D N L X G J
P I U Y R R S I N H L N N E
V D F L A U J I D L P B A B
K E U A N G A N L O L V G O
I N V E S T A S I A E C A F
P A B R I K M L P R N K D X
```

ANGGARAN
KARIR
PAUSAHAAN
BIAYA
TUKEUR
DISKON
ÉKONOMI
PAGAWE
DUNUNGAN
PABRIK

KEUANGAN
PANGHASILAN
INVESTASI
GURU
DAGANGAN
DUIT
KANTOR
DIJUAL
TOKO
PAJAK

93 - The Company

```
O E I S R K K E M A J U A N
K C N X X I U F F M L U M P
J I V O F I S A T U P E R U
W R E B M U S I L C Z H W T
R P S S J A Y U K I T V M U
P A T B H G W N I O T Z F S
R G A J K A I I E H A A L A
O A S X D H R T U E T H S N
D W I T L A T I P Z Z H P U
U E C V P S S D N K C V L N
K A T O P U U J Y G S O J M
H N P F V V D G X A D J V C
M M I S A T N E S E R P X E
I N O V A T I F I T A E R K
```

USAHA	PRODUK
KREATIF	KEMAJUAN
PUTUSAN	KUALITAS
PAGAWEAN	REPUTASI
INDUSTRI	SUMBER
INOVATIF	SHARING
INVESTASI	RISIKO
PRESENTASI	UNIT

94 - Literature

```
M E T A F O R Z F B C F D K
J X J E O E R O T A R A N I
A E P E N U L I S N D C J A
M N L S H P E A B D S C X H
H T E M A J V N I I S K I F
A R H K M A O A O N Z C I K
R A D A D G N L G G G A Y A
I G C J E O K I R A C V U C
W E R A R L T S A N X C U H
X D P S H A X I F W Z X L A
D I W R Y I I S I U P S R U
Z G L L M D A N A L O G I U
T E M A E T V P E D A R A N
S C C L K P A N U T U P C Z
```

ANALOGI	METAFOR
ANALISIS	NARATOR
ANEKDOT	NOVEL
PENULIS	SAJAK
BIOGRAFI	PUISI
BANDINGAN	RHYME
PANUTUP	WIRAHMA
PEDARAN	GAYA
DIALOG	TEMA
FIKSI	TRAGEDI

95 - Geography

```
I  A  L  N  P  U  L  O  C  Y  T  A  X  B
O  J  L  A  T  E  P  F  R  T  I  W  H  B
Z  V  I  I  U  W  A  L  U  N  G  A  N  U
X  Z  W  D  C  T  K  A  L  E  L  I  V  A
P  R  O  I  Y  F  G  N  A  T  N  I  L  N
N  B  W  R  F  X  H  E  T  R  N  F  O  A
K  H  P  E  M  E  É  G  I  K  A  L  É  R
I  A  A  M  R  S  M  A  N  D  U  N  Y  A
D  Y  T  P  A  X  I  R  G  N  U  N  U  G
U  A  G  L  B  J  S  A  K  B  P  I  K  Y
L  L  I  O  A  B  F  H  A  R  E  A  D  K
U  I  U  T  J  S  É  R  T  T  Z  L  E  Y
G  W  W  T  M  L  R  H  I  G  O  C  Z  T
S  A  G  A  R  A  P  F  X  G  T  K  D  A
```

TINGKAT	GUNUNG
ATLAS	KALÉR
KOTA	SAGARA
BUANA	DAERAH
NEGARA	WALUNGAN
HÉMISFÉR	LAUT
PULO	KIDUL
LINTANG	WILAYAH
PETA	JABAR
MERIDIAN	DUNYA

96 - Pets

```
H T A B J Y B G D C B S X S
A Y N H S R E T S M A H D S
O A M O E V O D X A J S B H
E M B E K I T U J J X A E W
H W L V A N E F Y V R P U O
Y M H N D G N I C U R I R J
O V U T A N L A Y M W M I W
H C P H L I B C K N R S T I
G N Y Z W J Z U Y I K O P J
I K D W F N K R N A W E H X
U N U E R A H A D T R C G N
M K V Y J T V L H F U E M B
L I T S A F A O H B L T G V
L I C N I L A K I V C V M F
```

UCING   KADAL
KOLAR   BEURIT
SAPI   BEO
ANJING   KALINCI
IKAN   BUNTUT
DAHAREUN   KUYA
EMBE   HEWAN
HAMSTER   CAI

97 - Jazz

```
K T L T U A W L N M C L O F
I O J D K N O I Y C U J S V
L Y M N M Y C D R N S H M I
O T U P W A U R C A H P S O
R G R U O R Z O I U H U O R
M Y D N L S O H G R T M N C
U U G A L J I O M U I N A H
B D S H L B N S M B L P N E
L V I I W A P A I G A Y A S
A Y T L K K B K N A O W K T
K J R I S A T E H N I K E R
K H A P L T K O N S E R T A
I M P R O V I S A S I C B S
Y A U I L G S E K C L T J A
```

ALBUM
ARTIS
KOMPOSISI
KONSER
DRUM
TEKANAN
KASOHOR
PILIHAN
IMPROVISASI

MUSIK
ANYAR
BURUAN
ORCHESTRA
WIRAHMA
LAGU
GAYA
BAKAT
TEHNIK

98 - Nature

```
G T J K W H E X A O X K S C
X U S I M A N I D A R A I L
H E R L R B L Z G C J B Z G
N F K U S E O U A H M U O H
S A T O N L E J N F H T N H
B G P P H K E X A G O Y V M
Z L U L X A T M W N A G H P
V I T A L G L B A U N N E U
G N S T O K E L A G X U N T
T O O I L L I A M A D E I N
G L A C I E R T J I T W N V
G R U G S I P O R T T U G Z
B N A N U A D G N A D E C J
D P J H S G I W I G R L A A
```

SATO	DANGDAUNAN
ARTIK	LEUWEUNG
AGUNG	GLACIER
LEBAH	DAMAI
AWAN	WALUNGAN
GURUN	HENING
DINAMIS	TROPIS
KELA	VITAL
KABUT	LIAR

99 - Vacation #2

```
Y  G  T  T  R  V  B  O  S  G  P  M  I  L
A  I  C  U  X  Y  W  M  X  Y  U  R  S  I
P  E  T  A  J  L  U  A  N  G  L  W  A  B
M  D  Y  L  O  U  B  O  H  T  O  K  T  U
B  H  B  M  F  O  A  S  I  V  X  F  R  R
A  R  O  P  S  A  P  N  P  P  G  S  O  M
N  H  I  T  C  G  N  M  M  N  Y  N  P  I
D  I  S  B  E  P  E  D  C  U  Z  J  S  D
A  V  K  O  G  L  É  K  É  M  P  I  N  G
R  C  A  A  F  R  D  G  D  W  O  V  A  F
A  W  T  G  R  G  N  I  S  A  P  B  R  W
J  P  M  R  V  E  É  V  W  R  S  U  T  M
W  G  X  L  Y  F  T  P  P  A  N  T  A  I
K  H  J  U  N  A  N  A  L  A  J  R  E  P
```

BANDARA	LUANG
PANTAI	PETA
KÉMPING	PASPOR
TUJUAN	LAUT
ASING	TAKSI
LIBUR	TÉNDÉ
HOTEL	KARETA
PULO	TRANSPORTASI
PERJALANAN	VISA

100 - Electricity

```
M Y P S P I A A T W W N K J
A B R O V J K M O S Z U A H
R K S K N K I Z O A L M B K
I E I E A H R L A M P U E B
N N X T G E T S P G B M L M
J B J I N C S I O X J H Z A
H P O F I T I S O P M P L G
D Y Y I R E L E K T R I K N
W R O T A R E N E G G A W E
X C T A J R M K B R G G P T
L J J G G U D A N G A L A T
L A S E R E R Y I O B J E K
S C F N O P E L E T W V H H
A N P U X R P U L P K V N H
```

AKI	MAGNET
KABEL	NEGATIF
LISTRIK	JARINGAN
ELEKTRIK	OBJEK
ALAT	POSITIF
GENERATOR	SOKET
LAMPU	GUDANG
LASER	TELEPON

1 - Antiques

2 - Food #1

3 - Measurements

4 - Farm #2

5 - Books

6 - Meditation

7 - Days and Months

8 - Energy

9 - Chess

10 - Archeology

11 - Food #2

12 - Chemistry

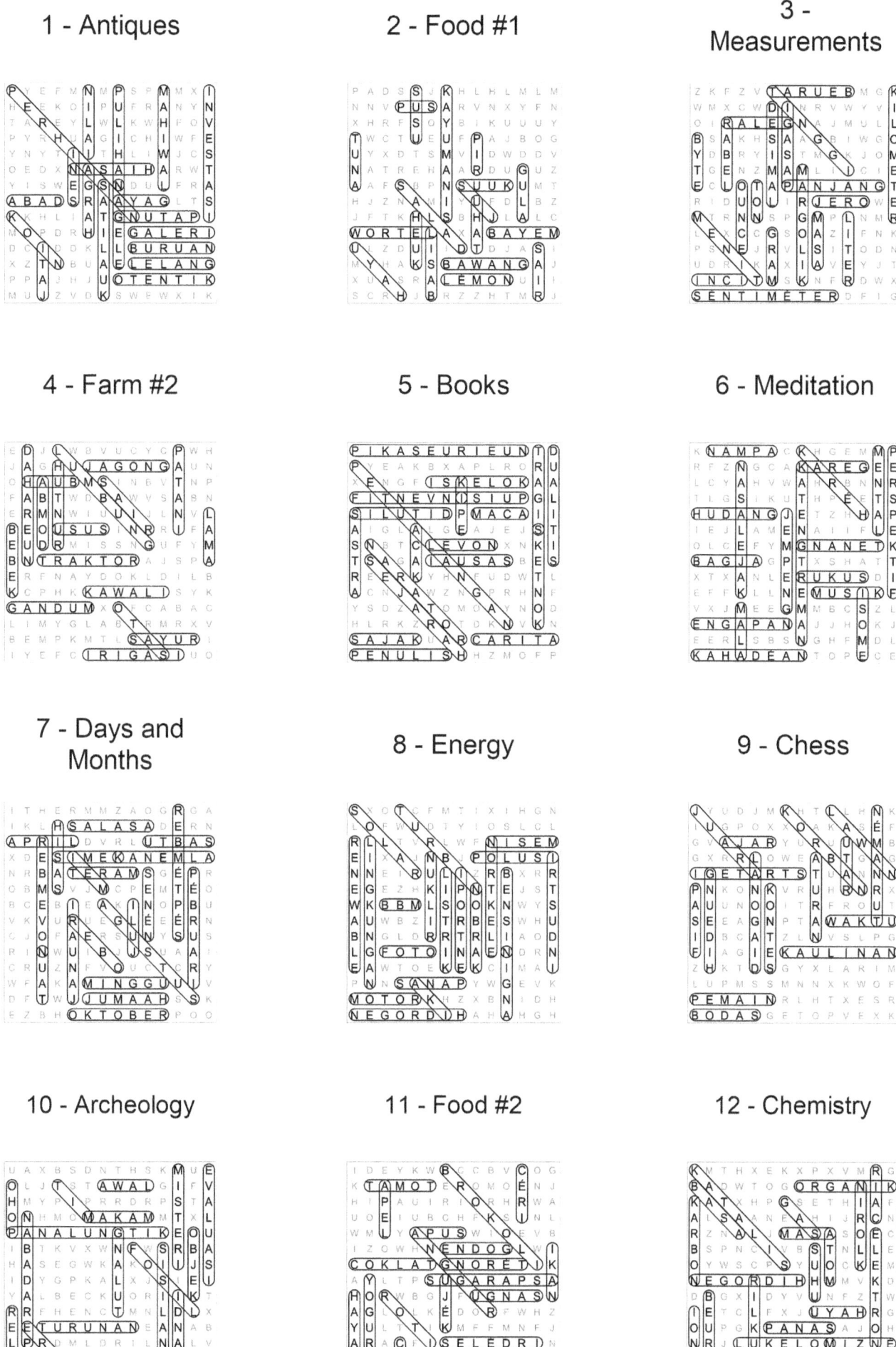

13 - Music

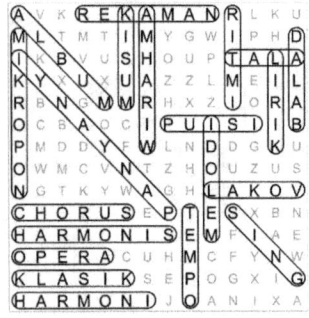

14 - Family

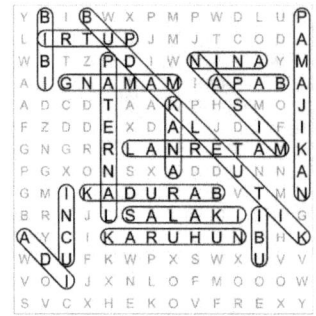

15 - Farm #1

16 - Camping

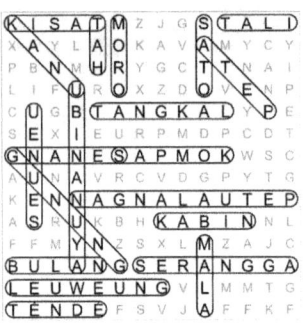

17 - Algebra

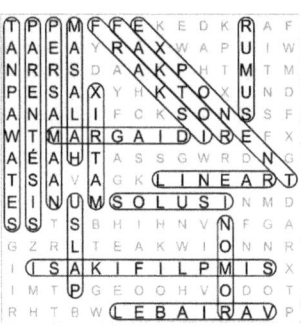

18 - Numbers

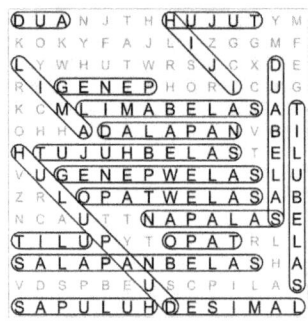

19 - Spices

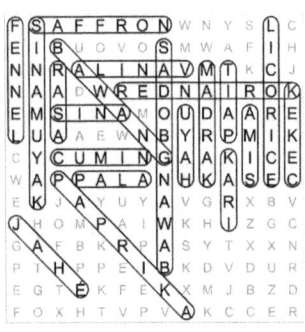

20 - Universe

21 - Mammals

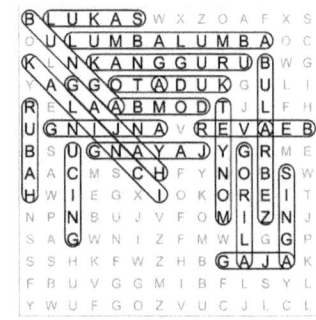

22 - Bees

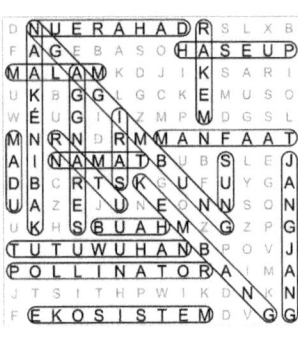

23 - Photography

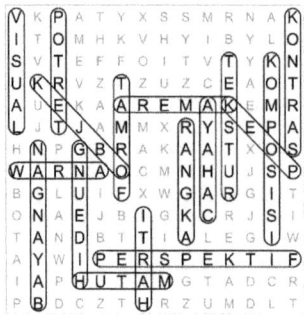

24 - Sports

25 - Weather

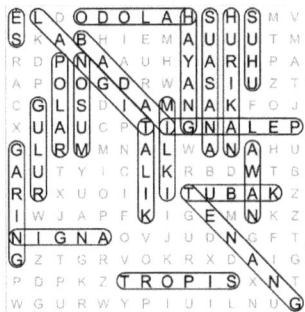

26 - Geology

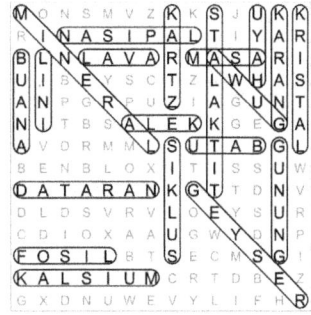

27 - House

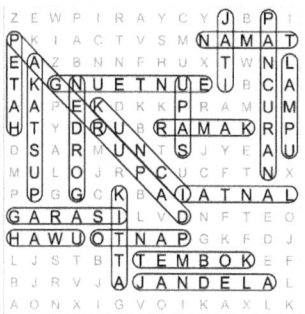

28 - Physics

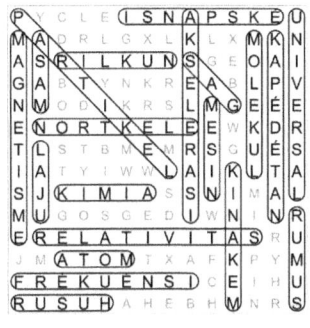

29 - Bathroom

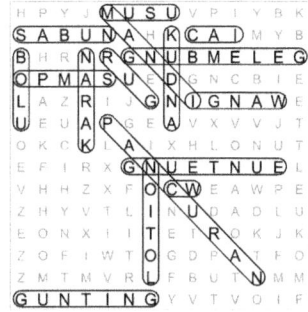

30 - Dance

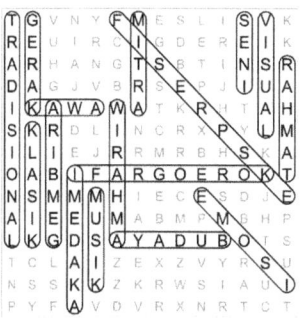

31 - Climbing

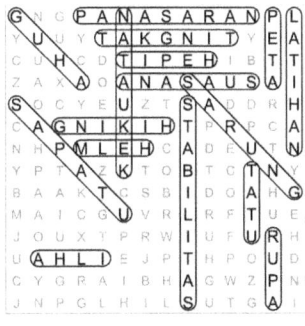

32 - Shapes

33 - Scientific Disciplines

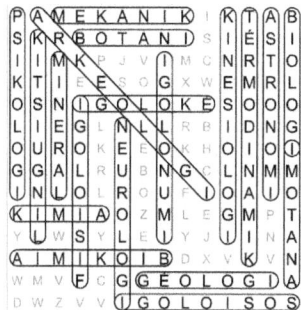

34 - Science

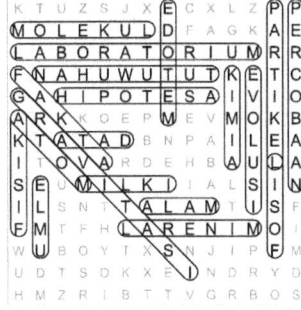

35 - Beauty

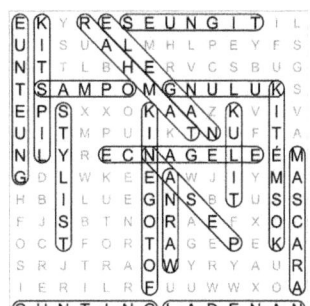

36 - Clothes

37 - Ethics

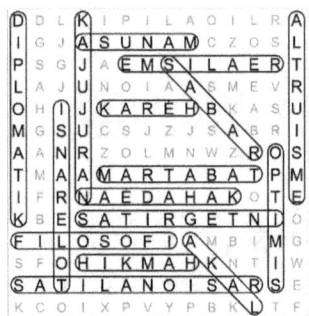

38 - Insects

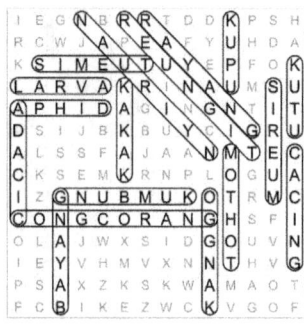

39 - Astronomy

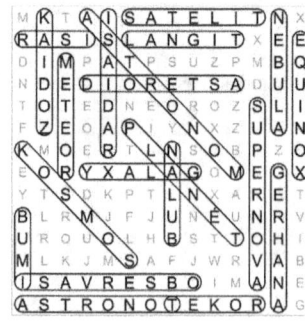

40 - Health and Wellness #2

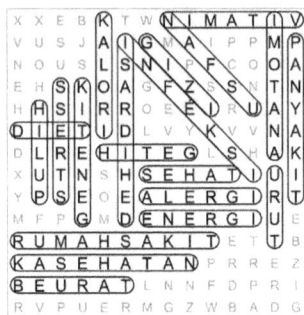

41 - Time

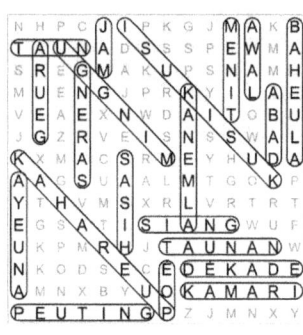

42 - Buildings

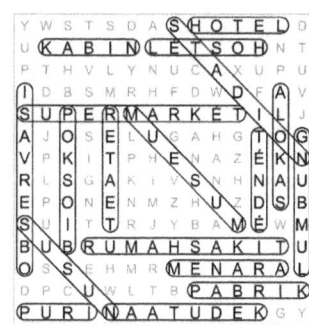

43 - Philanthropy

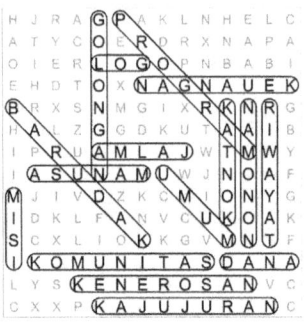

44 - Gardening

45 - Herbalism

46 - Vehicles

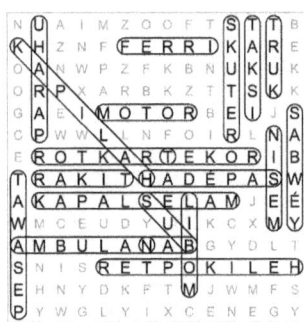

47 - Health and Wellness #1

48 - Town

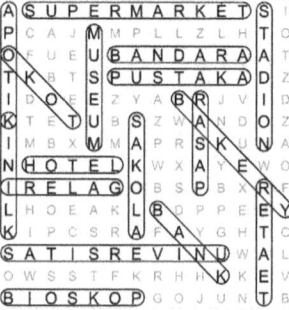

49 - Antarctica

50 - Human Body

51 - Musical Instruments

52 - Fruit

53 - Engineering

54 - Kitchen

55 - Government

56 - Art Supplies

57 - Science Fiction

58 - Geometry

59 - Creativity

60 - Airplanes

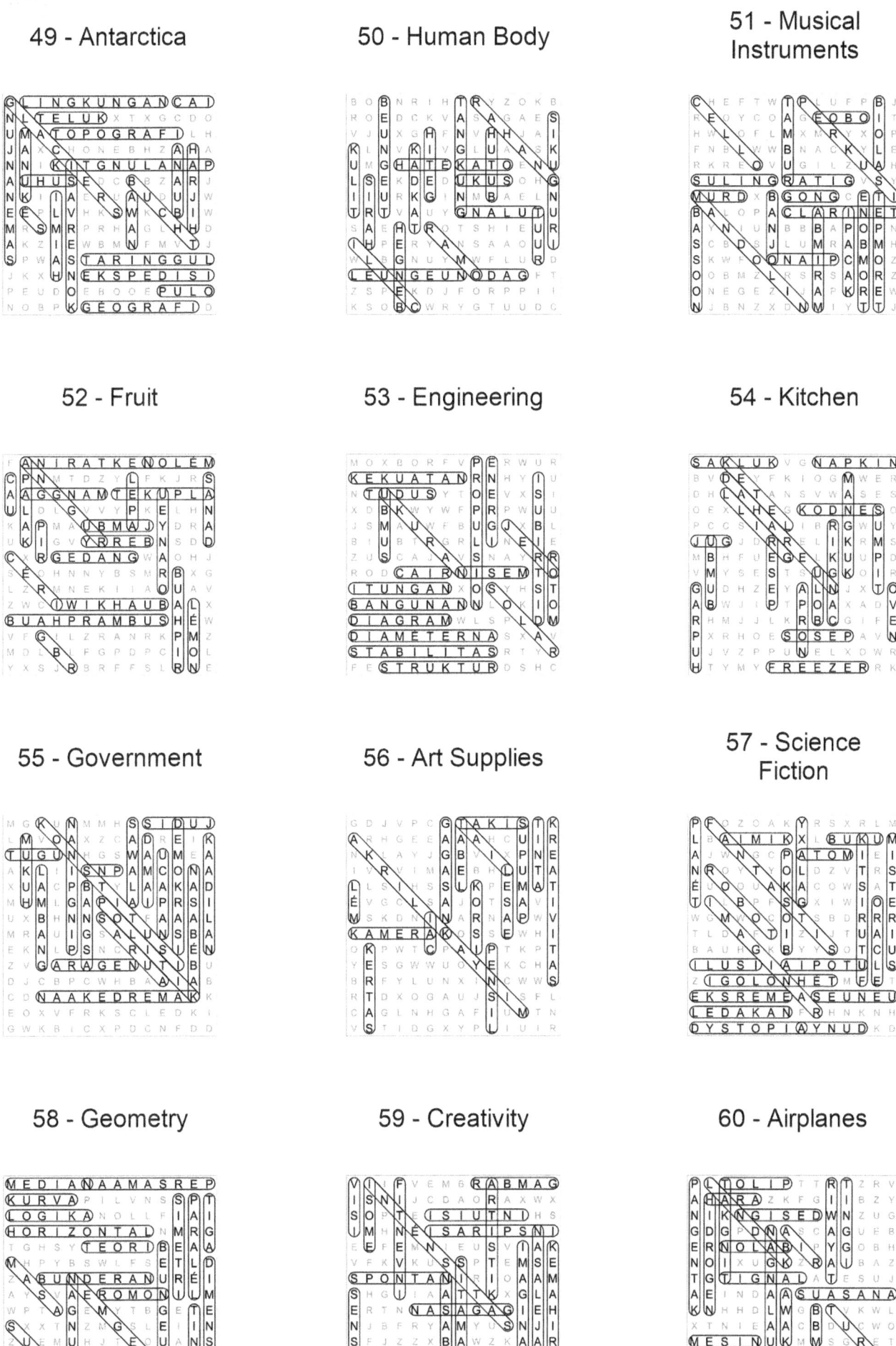

61 - Ocean

62 - Force and Gravity

63 - Birds

64 - Politics

65 - Nutrition

66 - Hiking

67 - Professions #1

68 - Barbecues

69 - Chocolate

70 - Vegetables

71 - Boats

72 - Activities and Leisure

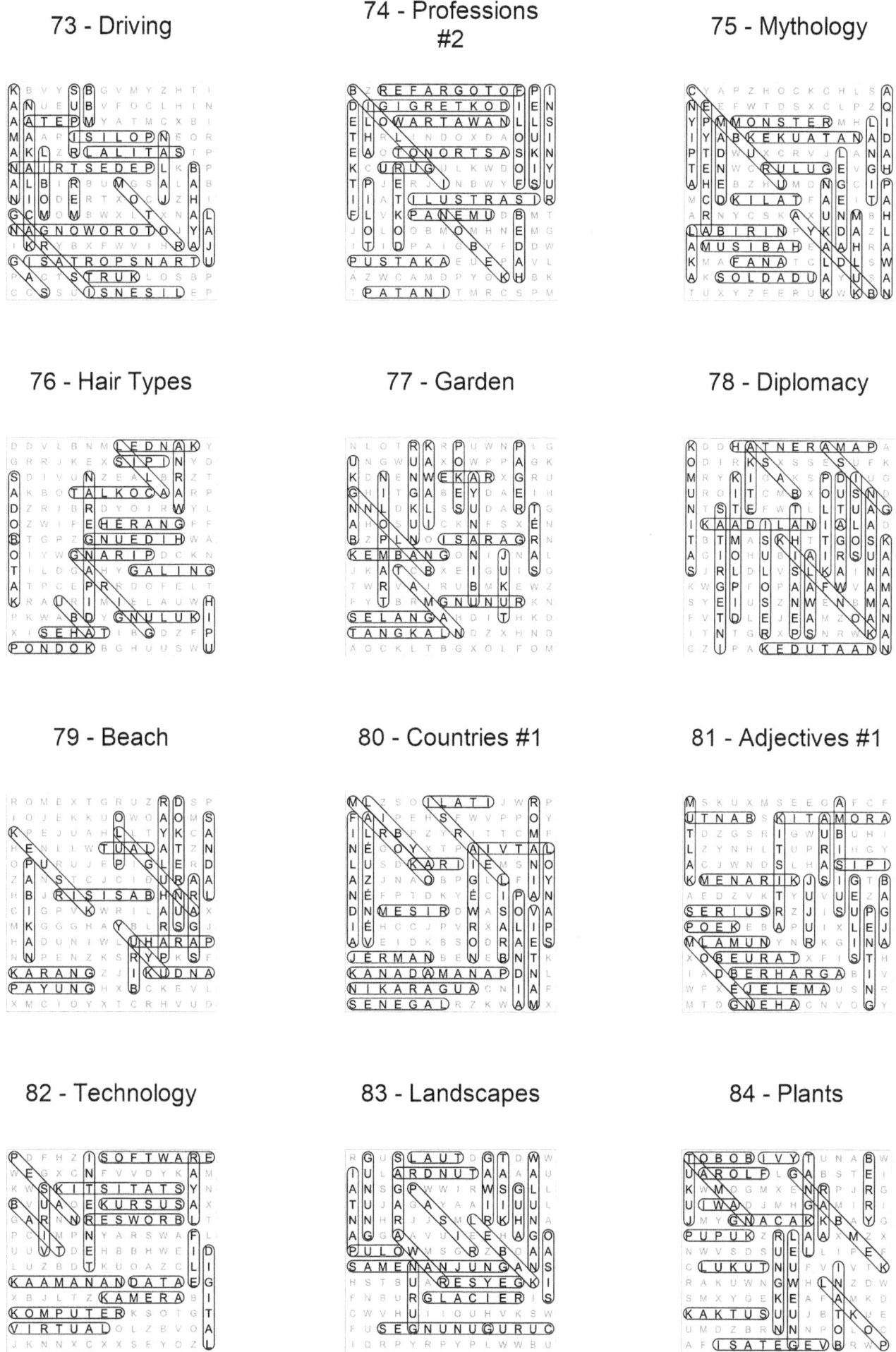

73 - Driving

74 - Professions #2

75 - Mythology

76 - Hair Types

77 - Garden

78 - Diplomacy

79 - Beach

80 - Countries #1

81 - Adjectives #1

82 - Technology

83 - Landscapes

84 - Plants

85 - Boxing

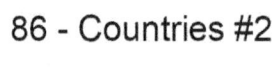
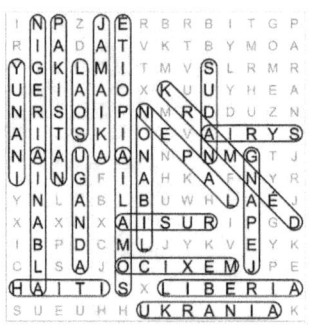

86 - Countries #2

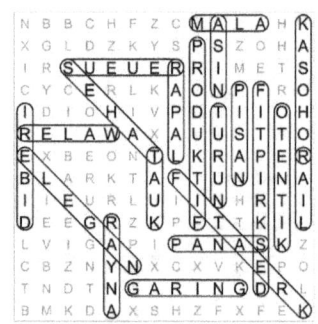

87 - Adjectives #2

88 - Psychology

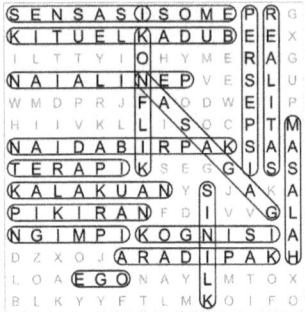

89 - Math

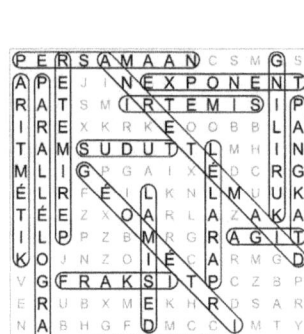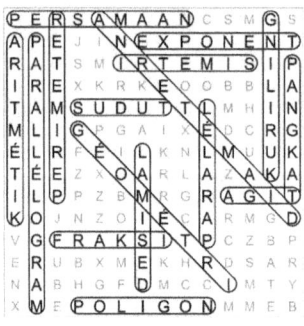

90 - Water

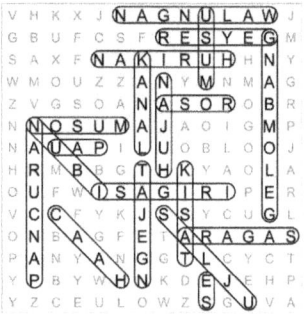

91 - Activities

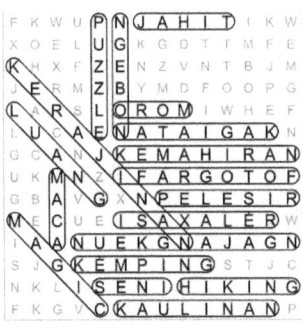

92 - Business

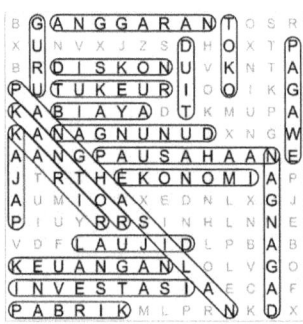

93 - The Company

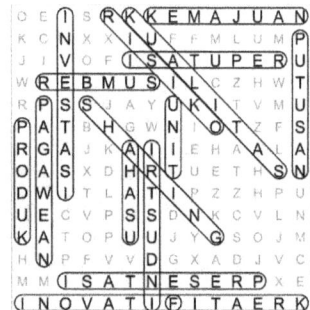

94 - Literature

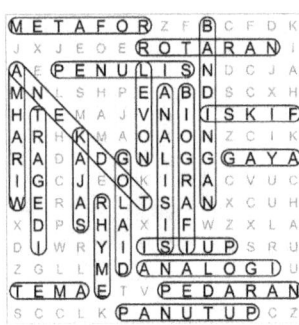

95 - Geography

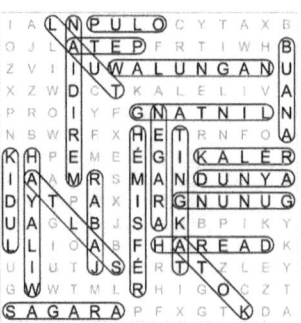

96 - Pets

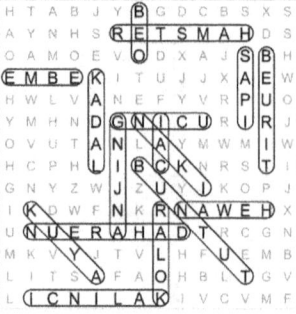

97 - Jazz

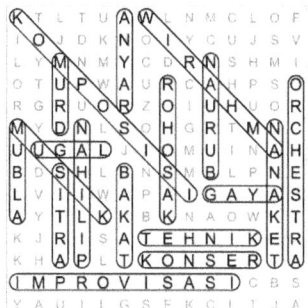

98 - Nature

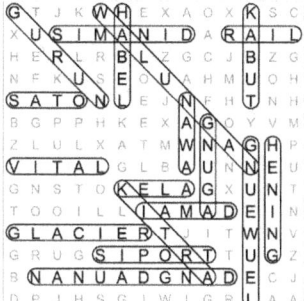

99 - Vacation #2

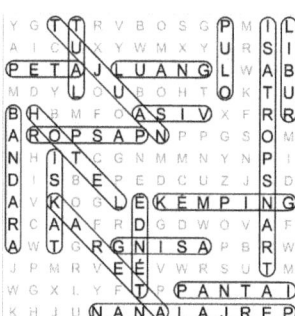

100 - Electricity

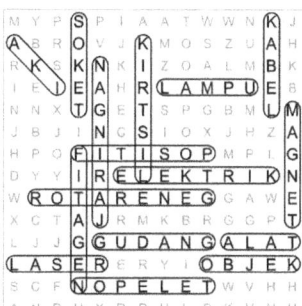

Dictionary

Activities
Kagiatan

Activity	Kagiatan
Art	Seni
Camping	Kémping
Crafts	Kerajinan
Fishing	Ngajangkeun
Games	Kaulinan
Gardening	Ngebon
Hiking	Hiking
Hunting	Moro
Leisure	Luang
Magic	Magic
Photography	Fotografi
Pleasure	Pelesir
Puzzles	Puzzle
Reading	Maca
Relaxation	Rélaksasi
Sewing	Jahit
Skill	Kemahiran

Activities and Leisure
Kagiatan Jeung Rineh

Art	Seni
Baseball	Baseball
Basketball	Wargi
Boxing	Tinju
Camping	Kémping
Diving	Nyelam
Fishing	Ngajangkeun
Gardening	Ngebon
Golf	Golf
Hiking	Hiking
Relaxing	Reureuh
Soccer	Sepakbola
Surfing	Ngalayang
Swimming	Ngojay
Tennis	Ténis
Travel	Perjalanan
Volleyball	Voli

Adjectives #1
Kecap Sipat #1

Absolute	Mutlak
Ambitious	Ambisius
Aromatic	Aromatik
Artistic	Artistik
Attractive	Menarik
Beautiful	Geulis
Dark	Poek
Exotic	Aheng
Generous	Jelema
Happy	Bagja
Heavy	Beurat
Helpful	Bantu
Honest	Jujur
Identical	Sarua
Important	Penting
Modern	Modén
Serious	Serius
Slow	Lamun
Thin	Ipis
Valuable	Berharga

Adjectives #2
Kecap Sipat #2

Authentic	Otentik
Creative	Kreatif
Descriptive	Deskriptif
Dry	Garing
Elegant	Elegan
Famous	Kasohor
Gifted	Diberi
Healthy	Sehat
Hot	Panas
Hungry	Lapar
Interesting	Pisan
Natural	Alam
New	Anyar
Productive	Produktif
Proud	Reueus
Responsible	Waler
Salty	Asin
Sleepy	Turun
Strong	Kuat
Wild	Liar

Airplanes
Kapal Terbang

Adventure	Petualangan
Air	Air
Altitude	Tingkat
Atmosphere	Suasana
Balloon	Balon
Construction	Bangunan
Crew	Awak
Descent	Turun
Design	Design
Direction	Arah
Engine	Mesin
Fuel	Bbm
Height	Tinggi
History	Riwayat
Hydrogen	Hidrogen
Landing	Landak
Passenger	Pangentak
Pilot	Pilot
Sky	Langit

Algebra
Aljabar

Diagram	Diagram
Equation	Persamaan
Exponent	Exponent
Factor	Faktor
False	Palsu
Formula	Rumus
Fraction	Fraksi
Infinite	Tanpa Wates
Linear	Linear
Matrix	Matrix
Number	Nomor
Parenthesis	Parentésis
Problem	Masalah
Simplify	Simplifikasi
Solution	Solusi
Subtraction	Pangurangan
Variable	Variabel
Zero	Nol

Antarctica
Antartika

Bay	Teluk
Birds	Manuk
Clouds	Awan
Conservation	Konservasi
Continent	Buana
Cove	Bucht
Environment	Lingkungan
Expedition	Ekspedisi
Geography	Géografi
Glaciers	Glaciers
Ice	És
Islands	Pulo
Migration	Hijrah
Peninsula	Samenanjung
Researcher	Panalungtik
Rocky	Taringgul
Scientific	Ilmiah
Temperature	Suhu
Topography	Topografi
Water	Cai

Antiques
Barang Antik

Art	Seni
Auction	Lelang
Authentic	Otentik
Century	Abad
Coins	Koin
Decorative	Hiasan
Elegant	Elegan
Furniture	Jati
Gallery	Galeri
Investment	Investasi
Jewelry	Perhiasan
Old	Buruan
Price	Harga
Quality	Kualitas
Restoration	Pulihan
Sculpture	Patung
Style	Gaya
Unusual	Mahiwal
Value	Nilai

Archeology
Arkeologi

Analysis	Analisis
Antiquity	Awal
Bones	Tulang
Civilization	Peradaban
Descendant	Turunan
Era	Era
Evaluation	Evaluasi
Expert	Ahli
Forgotten	Poho
Fossil	Fosil
Mystery	Misteri
Objects	Objek
Relic	Relic
Researcher	Panalungtik
Team	Tim
Temple	Candi
Tomb	Makam

Art Supplies
Kasenian Suplai

Acrylic	Akrilik
Brushes	Sikat
Camera	Kamera
Chair	Korsi
Clay	Liat
Creativity	Kreativitas
Easel	Easel
Eraser	Pamupus
Glue	Lém
Ideas	Gagasan
Ink	Tinta
Oil	Minyak
Paper	Kertas
Pencils	Pensil
Table	Tabel
Water	Cai

Astronomy
Astronomi

Asteroid	Asteroid
Astronaut	Astronot
Astronomer	Astronom
Constellation	Rasi
Cosmos	Kosmos
Earth	Bumi
Eclipse	Gerhana
Equinox	Equinox
Galaxy	Galaxy
Meteor	Meteor
Moon	Bulan
Nebula	Nebula
Observatory	Observasi
Planet	Planét
Radiation	Radiasi
Rocket	Roket
Satellite	Satelit
Sky	Langit
Supernova	Supernova
Zodiac	Zodiak

Barbecues
Barbecue

Chicken	Hayam
Children	Barudak
Family	Kulawarga
Food	Dahareun
Forks	Garpuh
Friends	Babaturan
Fruit	Buah
Games	Kaulinan
Grill	Grill
Hot	Panas
Hunger	Lapar
Knives	Pesos
Music	Musik
Onions	Bawang
Salads	Salads
Salt	Uyah
Sauce	Saus
Summer	Usum Panas
Tomatoes	Omat
Vegetables	Sayuran

Bathroom
Kamar Mandi

Bath	Mandi
Bubbles	Gelembung
Faucet	Karan
Lotion	Lotion
Mirror	Eunteung
Perfume	Wangi
Rug	Rug
Scissors	Gunting
Shampoo	Sampo
Shower	Pancuran
Soap	Sabun
Sponge	Bolu
Steam	Usum
Toilet	Wc
Towel	Anduk
Water	Cai

Beach
Basisir

Blue	Biru
Boat	Parahu
Coast	Basisir
Crab	Yuyu
Dock	Dokter
Island	Pulo
Lagoon	Laguna
Ocean	Sagara
Reef	Karang
Sailboat	Parahu Layar
Sand	Keusik
Sandals	Sandal
Sea	Laut
Sun	Sun
Towel	Anduk
Umbrella	Payung
Vacation	Pabikan

Beauty
Kageulisan

Charm	Pesan
Color	Warna
Cosmetics	Kosmétik
Curls	Kulung
Elegance	Elegance
Elegant	Elegan
Fragrance	Seungit
Grace	Rahmat
Lipstick	Lipstik
Mascara	Mascara
Mirror	Eunteung
Photogenic	Fotogenik
Scissors	Gunting
Services	Ladenan
Shampoo	Sampo
Skin	Kulit
Stylist	Stylist

Bees
Nyiruan

Beneficial	Manfaat
Blossom	Mekar
Diversity	Kabinékaan
Ecosystem	Ekosistem
Flowers	Kembang
Food	Dahareun
Fruit	Buah
Garden	Taman
Honey	Madu
Insect	Serangga
Plants	Tutuwuhan
Pollen	Sari
Pollinator	Pollinator
Queen	Ratu
Smoke	Haseup
Sun	Sun
Swarm	Ngagimbung
Wax	Malam
Wings	Jangjang

Birds
Manuk

Canary	Kanari
Chicken	Hayam
Crow	Gagak
Cuckoo	Cuckoo
Duck	Bebek
Eagle	Elang
Egg	Endog
Flamingo	Flamingo
Goose	Soang
Gull	Gull
Heron	Kuntul
Ostrich	Manuk Onta
Parrot	Beo
Peacock	Merak
Pelican	Pelikan
Penguin	Pingguin
Sparrow	Sparrow
Stork	Bangau
Swan	Swan
Toucan	Toucan

Boats
Parahu

Anchor	Jangkar
Buoy	Palampung
Canoe	Kanu
Crew	Awak
Dock	Dokter
Engine	Mesin
Ferry	Ferri
Kayak	Kayak
Lake	Tasik
Mast	Tihang
Nautical	Nautis
Ocean	Sagara
Raft	Rakit
River	Walungan
Rope	Tali
Sailboat	Parahu Layar
Sailor	Layur
Sea	Laut
Tide	Pasang
Yacht	Kapal Layar

Books
Buku

Adventure	Petualangan
Author	Penulis
Collection	Koleksi
Context	Konteks
Duality	Dualitis
Epic	Epik
Historical	Sejarah
Humorous	Pikaseurieun
Inventive	Inventif
Literary	Sastra
Narrator	Narator
Novel	Novel
Page	Kaca
Poem	Sajak
Poetry	Puisi
Reader	Maca
Relevant	Sasuai
Story	Carita
Tragic	Tragis
Written	Ditulis

Boxing
Tinju

Bell	Bél
Body	Awak
Chin	Gado
Corner	Juru
Elbow	Siku
Exhausted	Béak
Fighter	Pejuang
Fist	Fist
Focus	Fokus
Gloves	Sarung
Kick	Tékék
Opponent	Lawan
Recovery	Pulih
Referee	Wasit
Skill	Kemahiran
Strength	Kekuatan

Buildings
Wangunan

Apartment	Susun
Barn	Lumbung
Cabin	Kabin
Castle	Puri
Cinema	Bioskop
Embassy	Kedutaan
Factory	Pabrik
Hospital	Rumah Sakit
Hostel	Hostél
Hotel	Hotel
Laboratory	Laboratorium
Museum	Museum
Observatory	Observasi
School	Sakola
Stadium	Stadion
Supermarket	Supermarkét
Tent	Téndé
Theater	Teater
Tower	Menara
University	Universitas

Business
Bisnis

Budget	Anggaran
Career	Karir
Company	Pausahaan
Cost	Biaya
Currency	Tukeur
Discount	Diskon
Economics	Ékonomi
Employee	Pagawe
Employer	Dunungan
Factory	Pabrik
Finance	Keuangan
Income	Panghasilan
Investment	Investasi
Manager	Guru
Merchandise	Dagangan
Money	Duit
Office	Kantor
Sale	Dijual
Shop	Toko
Taxes	Pajak

Camping
Kémping

Adventure	Petualangan
Animals	Sato
Cabin	Kabin
Canoe	Kanu
Compass	Kompas
Fire	Seuneu
Forest	Leuweung
Fun	Senang
Hammock	Ayunan, Ibu.
Hat	Hat
Hunting	Moro
Insect	Serangga
Lake	Tasik
Map	Peta
Moon	Bulan
Mountain	Gunung
Nature	Alam
Rope	Tali
Tent	Téndé
Trees	Tangkal

Chemistry
Kimia

Acid	Asam
Alkaline	Basa
Atomic	Atom
Carbon	Karbon
Catalyst	Katalis
Chlorine	Klorin
Electron	Elektron
Enzyme	Énzim
Gas	Gas
Heat	Panas
Hydrogen	Hidrogen
Ion	Ion
Liquid	Cair
Molecule	Molekul
Nuclear	Nuklir
Organic	Organik
Oxygen	Oksigén
Salt	Uyah
Temperature	Suhu
Weight	Beurat

Chess
Catur

Black	Hideung
Champion	Juara
Contest	Kontes
Diagonal	Diagonal
Game	Kaulinan
King	Raja
Opponent	Lawan
Passive	Pasif
Player	Pemain
Queen	Ratu
Rules	Aturan
Sacrifice	Korban
Strategy	Strategi
Time	Waktu
Tournament	Turnamén
White	Bodas

Chocolate
Coklat

Antioxidant	Antioksidan
Bitter	Pait
Cacao	Cacao
Calories	Kalori
Caramel	Karamel
Coconut	Kalapa
Delicious	Sedap
Exotic	Aheng
Favorite	Karesep
Ingredient	Bahan
Peanuts	Kacang
Quality	Kualitas
Recipe	Resep
Sugar	Gula
Sweet	Amis
Taste	Rasa

Climbing
Nanjak

Altitude	Tingkat
Atmosphere	Suasana
Boots	Sapatu
Cave	Guha
Curiosity	Panasaran
Expert	Ahli
Gloves	Sarung
Helmet	Helm
Hiking	Hiking
Injury	Tatu
Map	Peta
Narrow	Hepit
Stability	Stabilitas
Strength	Kekuatan
Terrain	Rupa
Training	Latihan

Clothes
Baju

Apron	Apron
Belt	Sabul
Blouse	Blus
Bracelet	Gelang
Dress	Pakéan
Fashion	Fashion
Gloves	Sarung
Hat	Hat
Jacket	Jaket
Jeans	Jeans
Jewelry	Perhiasan
Necklace	Kalung
Pajamas	Piyama
Pants	Calana
Sandals	Sandal
Scarf	Sal
Shirt	Baju
Shoe	Sapat
Skirt	Rok
Sweater	Baju Haneut

Countries #1
Nagara #1

Brazil	Brasil
Canada	Kanada
Egypt	Mesir
Finland	Finlandia
Germany	Jérman
Iraq	Irak
Israel	Israel
Italy	Itali
Latvia	Latvia
Libya	Libya
Morocco	Maroko
Nicaragua	Nikaragua
Norway	Norwégia
Panama	Panama
Poland	Polandia
Romania	Romania
Senegal	Senegal
Spain	Spanyol
Venezuela	Vénézuéla
Vietnam	Vietnam

Countries #2
Nagara #2

Albania	Albania
Denmark	Dénmark
Ethiopia	Étiopia
Greece	Yunani
Haiti	Haiti
Jamaica	Jamaika
Japan	Jepang
Laos	Laos
Lebanon	Libanon
Liberia	Liberia
Mexico	Mexico
Nepal	Nepal
Nigeria	Nigeria
Pakistan	Pakistan
Russia	Rusia
Somalia	Somalia
Sudan	Sudan
Syria	Syria
Uganda	Uganda
Ukraine	Ukrania

Creativity
Kreativitas

Artistic	Artistik
Authenticity	Kaaslian
Clarity	Kajelasan
Dramatic	Dramatis
Emotions	Emosi
Expression	Babasan
Ideas	Gagasan
Image	Gambar
Imagination	Imaginasi
Inspiration	Inspirasi
Intensity	Inténsitas
Intuition	Intuisi
Inventive	Inventif
Sensation	Sensasi
Skill	Kemahiran
Spontaneous	Spontan
Visions	Visi
Vitality	Vitalitas

Dance
Tari

Academy	Akademi
Art	Seni
Body	Awak
Choreography	Koreografi
Classical	Klasik
Culture	Budaya
Emotion	Emosi
Expressive	Ekspresif
Grace	Rahmat
Joyful	Gembira
Movement	Gerak
Music	Musik
Partner	Mitra
Rhythm	Wirahma
Traditional	Tradisional
Visual	Visual

Days and Months
Poe Jeung Bulan

April	April
August	Agustus
Calendar	Almenak
February	Pébruari
Friday	Jumaah
January	Januari
July	Juli
March	Maret
May	Mei
Monday	Senén
Month	Sasih
November	November
October	Oktober
Saturday	Sabtu
September	Séptémber
Sunday	Minggu
Thursday	Kemis
Tuesday	Salasa
Wednesday	Rebo
Year	Taun

Diplomacy
Diplomasi

Adviser	Penasihat
Ambassador	Duta
Citizens	Warga
Community	Komunitas
Conflict	Konflik
Diplomatic	Diplomatik
Discussion	Sawala
Embassy	Kedutaan
Ethics	Etika
Foreign	Asing
Government	Pamarentah
Humanitarian	Kamanusaan
Integrity	Integritas
Justice	Kaadilan
Languages	Basa
Politics	Politik
Resolution	Resolusi
Security	Kaamanan
Solution	Solusi
Treaty	Perjanjian

Driving
Nyupiran

Accident	Kacilakaan
Brakes	Rem
Car	Mobil
Danger	Bahaya
Driver	Supir
Fuel	Bbm
Garage	Garasi
Gas	Gas
License	Lisensi
Map	Peta
Motorcycle	Motor
Pedestrian	Pedestrian
Police	Polisi
Safety	Kaamanan
Speed	Laju
Street	Jalan
Traffic	Lalitas
Transportation	Transportasi
Truck	Truk
Tunnel	Torowongan

Electricity
Listrik

Battery	Aki
Cable	Kabel
Electric	Listrik
Electrician	Elektrik
Equipment	Alat
Generator	Generator
Lamp	Lampu
Laser	Laser
Magnet	Magnet
Negative	Negatif
Network	Jaringan
Objects	Objek
Positive	Positif
Socket	Soket
Storage	Gudang
Telephone	Telepon

Energy
Énergi

Battery	Aki
Carbon	Karbon
Diesel	Solar
Electric	Listrik
Electron	Elektron
Engine	Mesin
Entropy	Entropi
Environment	Lingkungan
Fuel	Bbm
Gasoline	Bensin
Heat	Panas
Hydrogen	Hidrogen
Industry	Industri
Motor	Motor
Nuclear	Nuklir
Photon	Foto
Pollution	Polusi
Renewable	Renewable
Turbine	Turbin
Wind	Angin

Engineering
Rékayasa

Angle	Sudut
Axis	Sumbu
Calculation	Itungan
Construction	Bangunan
Depth	Jero
Diagram	Diagram
Diameter	Diaméterna
Diesel	Solar
Distribution	Distribusi
Energy	Energi
Liquid	Cair
Machine	Mesin
Measurement	Ukuran
Motor	Motor
Propulsion	Propulsion
Stability	Stabilitas
Strength	Kekuatan
Structure	Struktur

Ethics
Étika

Altruism	Altruisme
Compassion	Karéh
Dignity	Martabat
Diplomatic	Diplomatik
Honesty	Kajujuran
Humanity	Manusa
Integrity	Integritas
Kindness	Kahadéan
Optimism	Optimis
Patience	Sabar
Philosophy	Filosofi
Rationality	Rasionalitas
Realism	Realisme
Reasonable	Akal
Tolerance	Toleransi
Wisdom	Hikmah

Family
Kulawarga

Ancestor	Karuhun
Aunt	Bibi
Brother	Adi
Childhood	Budak Leutik
Children	Barudak
Cousin	Misan
Daughter	Putri
Father	Bapa
Grandfather	Nina
Grandson	Incu
Husband	Salaki
Maternal	Maternal
Mother	Ibu
Nephew	Anak
Paternal	Paternal
Uncle	Mamang
Wife	Pamajikan

Farm #1
Tegalan #1

Agriculture	Tatanén
Bee	Nyiruan
Bison	Bison
Calf	Anak Sapi
Cat	Ucing
Chicken	Hayam
Cow	Sapi
Crow	Gagak
Dog	Anjing
Donkey	Kalde
Fence	Pager
Fertilizer	Pupuk
Field	Sawah
Goat	Embe
Hay	Jarami
Honey	Madu
Horse	Kuda
Rice	Sangu
Seeds	Biji
Water	Cai

Farm #2
Tegalan #2

Animals	Sato
Barley	Sa'lr
Barn	Lumbung
Corn	Jagong
Duck	Bebek
Farmer	Patani
Food	Dahareun
Fruit	Buah
Irrigation	Irigasi
Llama	Lama
Meadow	Runtuh
Milk	Susu
Orchard	Kawali
Sheep	Domba
Tractor	Traktor
Vegetable	Sayur
Wheat	Gandum

Food #1
Kadaharan #1

Barley	Sa'Ir
Basil	Basil
Cake	Kueh
Carrot	Wortel
Cinnamon	Kayu Manis
Garlic	Bawang Bodas
Juice	Jus
Lemon	Lémon
Milk	Susu
Onion	Bawang
Peanut	Suuk
Pear	Pir
Salad	Salad
Salt	Uyah
Soup	Sup
Spinach	Bayem
Sugar	Gula
Tofu	Tahu
Tuna	Tuna
Turnip	Turnip

Food #2
Kadaharan #2

Apple	Apel
Asparagus	Asparagus
Banana	Cau
Bread	Roti
Broccoli	Brokoli
Celery	Selédri
Cheese	Kéju
Cherry	Céri
Chicken	Hayam
Chocolate	Coklat
Egg	Endog
Eggplant	Térong
Fish	Ikan
Grape	Anggur
Kiwi	Buah Kiwi
Mushroom	Supa
Rice	Sangu
Tomato	Tomat
Wheat	Gandum
Yogurt	Yogurt

Force and Gravity
Gaya Jeung Gravitasi

Axis	Sumbu
Center	Pusat
Discovery	Pamanggihan
Distance	Jarak
Dynamic	Dinamis
Expansion	Ékspansi
Magnetism	Magnetisme
Mechanics	Mekanik
Orbit	Orbit
Physics	Fisika
Pressure	Tekanan
Properties	Sipat
Speed	Laju
Time	Waktu
Universal	Universal
Weight	Beurat

Fruit
Buah

Apple	Apel
Avocado	Alpuket
Banana	Cau
Berry	Berry
Cherry	Céri
Coconut	Kalapa
Fig	Gbr
Grape	Anggur
Guava	Jambu
Kiwi	Buah Kiwi
Lemon	Lémon
Mango	Mangga
Melon	Mélon
Nectarine	Nektarina
Orange	Oranyeu
Papaya	Gedang
Peach	Buah Pir
Pear	Pir
Pineapple	Danas
Raspberry	Buah Prambus

Garden
Taman

Bench	Bangku
Bush	Rungkun
Fence	Pager
Flower	Kembang
Garage	Garasi
Garden	Taman
Grass	Jukut
Hammock	Ayunan, Ibu.
Hose	Selang
Orchard	Kawali
Pond	Balong
Rake	Rake
Shovel	Sekop
Terrace	Téras
Trampoline	Trampolin
Tree	Tangkal
Weeds	Runung

Gardening
Ngebon

Blossom	Mekar
Botanical	Botanikal
Bouquet	Bouquet
Climate	Iklim
Compost	Kompos
Container	Wadah
Dirt	Kotor
Edible	Plant
Exotic	Aheng
Floral	Keunggulan
Foliage	Dangdaunan
Hose	Selang
Leaf	Daun
Moisture	Uap
Orchard	Kawali
Seasonal	Musim
Seeds	Biji
Water	Cai

Geography
Géografi

Altitude	Tingkat
Atlas	Atlas
City	Kota
Continent	Buana
Country	Negara
Hemisphere	Hémisfér
Island	Pulo
Latitude	Lintang
Map	Peta
Meridian	Meridian
Mountain	Gunung
North	Kalér
Ocean	Sagara
Region	Daerah
River	Walungan
Sea	Laut
South	Kidul
Territory	Wilayah
West	Jabar
World	Dunya

Geology
Géologi

Acid	Asam
Calcium	Kalsium
Cavern	Guwa
Continent	Buana
Coral	Karang
Crystals	Kristal
Cycles	Siklus
Earthquake	Lini
Erosion	Kela
Fossil	Fosil
Geyser	Geyser
Lava	Lava
Layer	Lapisan
Minerals	Mineral
Plateau	Dataran
Quartz	Kartz
Salt	Uyah
Stalactite	Stalaktit
Stone	Batu
Volcano	Gunung

Geometry
Géométri

Angle	Sudut
Calculation	Itungan
Circle	Bunderan
Curve	Kurva
Diameter	Diaméterna
Dimension	Dimensi
Equation	Persamaan
Height	Tinggi
Horizontal	Horizontal
Logic	Logika
Mass	Masa
Median	Median
Number	Nomor
Parallel	Paralél
Proportion	Proporsi
Segment	Segmen
Surface	Beungeut
Symmetry	Simetri
Theory	Teori
Triangle	Tiga

Government
Pamaréntah

Civil	Pns
Constitution	Konstitusi
Democracy	Demokrasi
Discussion	Sawala
Equality	Sarua
Independence	Kamerdekaan
Judicial	Judis
Justice	Kaadilan
Law	Hukum
Leader	Pingpinan
Liberty	Kabébasan
Monument	Tugu
Nation	Bangsa
Peaceful	Damai
Politics	Politik
Speech	Ucapan
State	Negara
Symbol	Lambang

Hair Types
Jenis Rambut

Bald	Botak
Black	Hideung
Blond	Pirang
Braided	Dipangeran
Brown	Coklat
Colored	Warna
Curls	Kulung
Curly	Galing
Dry	Garing
Gray	Abu
Healthy	Sehat
Long	Lila
Shiny	Hérang
Short	Pondok
Soft	Hipu
Thick	Kandel
Thin	Ipis
White	Bodas

Health and Wellness #1
Kaséhatan Jeung Wellness

Active	Aktip
Bacteria	Bakteri
Bones	Tulang
Clinic	Klinik
Doctor	Dokter
Fracture	Patak
Habit	Kabiasaan
Height	Tinggi
Hormones	Hormon
Hunger	Lapar
Medicine	Ubar
Muscles	Otot
Nerves	Saraf
Pharmacy	Apotik
Reflex	Refleks
Relaxation	Rélaxasi
Skin	Kulit
Therapy	Terapi
Treatment	Perawatan
Virus	Virus

Health and Wellness #2
Kaséhatan Jeung Wellness

Allergy	Alergi
Anatomy	Anatomi
Appetite	Nafsu
Blood	Getih
Calorie	Kalori
Dehydration	Dehidrasi
Diet	Diet
Disease	Panyakit
Energy	Energi
Genetics	Genetik
Healthy	Sehat
Hospital	Rumah Sakit
Hygiene	Kasehatan
Infection	Inféksi
Massage	Urut
Nutrition	Gizi
Recovery	Pulih
Stress	Stress
Vitamin	Vitamin
Weight	Beurat

Herbalism
Herbalisme

Aromatic	Aromatik
Basil	Basil
Beneficial	Manfaat
Culinary	Kuliner
Fennel	Fennel
Flavor	Rasa
Flower	Kembang
Garden	Taman
Garlic	Bawang Bodas
Green	Héjo
Ingredient	Bahan
Lavender	Lavender
Marjoram	Marjoram
Mint	Mint
Oregano	Organo
Parsley	Peterseli
Plant	Tutuwuhan
Rosemary	Rosemary
Saffron	Saffron
Tarragon	Taragon

Hiking
Leumpang

Animals	Sato
Boots	Sapatu
Camping	Kémping
Cliff	Gawir
Climate	Iklim
Heavy	Beurat
Map	Peta
Mountain	Gunung
Nature	Alam
Orientation	Orientasi
Parks	Taman
Preparation	Persiapan
Stones	Batu
Summit	Gempungan
Sun	Sun
Tired	Capé
Water	Cai
Wild	Liar

House
Imah

Attic	Attik
Broom	Sapu
Curtains	Gorden
Door	Panto
Fence	Pager
Fireplace	Hawu
Floor	Lantai
Furniture	Jati
Garage	Garasi
Garden	Taman
Keys	Kunci
Kitchen	Dapur
Lamp	Lampu
Library	Pustaka
Mirror	Eunteung
Roof	Hatep
Room	Kamar
Shower	Pancuran
Wall	Tembok
Window	Jandela

Human Body
Awak Manusa

Ankle	Tangkung
Blood	Getih
Bones	Tulang
Brain	Otak
Chin	Gado
Ear	Ceuli
Elbow	Siku
Face	Beungeut
Finger	Ramo
Hand	Leungeun
Head	Sirah
Heart	Haté
Jaw	Rahang
Knee	Tuur
Leg	Suku
Mouth	Butuh
Neck	Bengeh
Nose	Irung
Shoulder	Takdak
Skin	Kulit

Insects
Serangga

Ant	Sireum
Aphid	Aphid
Bee	Nyiruan
Beetle	Kumbung
Butterfly	Kupu
Cicada	Cicada
Cockroach	Kakak
Dragonfly	Kanggo
Flea	Kutu
Grasshopper	Simeut
Larva	Larva
Locust	Bayang
Mantis	Congcorang
Mosquito	Reungit
Moth	Mothot
Termite	Rayang
Worm	Cacing

Jazz
Jazz

Album	Album
Artist	Artis
Composer	Komposisi
Concert	Konser
Drums	Drum
Emphasis	Tekanan
Famous	Kasohor
Favorites	Pilihan
Improvisation	Improvisasi
Music	Musik
New	Anyar
Old	Buruan
Orchestra	Orchestra
Rhythm	Wirahma
Song	Lagu
Style	Gaya
Talent	Bakat
Technique	Tehnik

Kitchen
Dapur

Apron	Apron
Bowl	Mangkuk
Chopsticks	Sumpit
Cups	Cangkir
Food	Dahareun
Forks	Garpuh
Freezer	Freezer
Grill	Grill
Jug	Jug
Kettle	Ketel
Knives	Pesos
Napkin	Napkin
Oven	Oven
Recipe	Resep
Refrigerator	Kulkas
Spices	Bumbu
Sponge	Bolu
Spoons	Sendok

Landscapes
Bentang

Beach	Pantai
Cave	Guha
Cliff	Gawir
Desert	Gurun
Geyser	Geyser
Glacier	Glacier
Hill	Pasir
Iceberg	Gunung Es
Island	Pulo
Lake	Tasik
Oasis	Oasis
Ocean	Sagara
Peninsula	Samenanjung
River	Walungan
Sea	Laut
Swamp	Rawa
Tundra	Tundra
Valley	Lebak
Volcano	Gunung
Waterfall	Curug

Literature
Sastra

Analogy	Analogi
Analysis	Analisis
Anecdote	Anekdot
Author	Penulis
Biography	Biografi
Comparison	Bandingan
Conclusion	Panutup
Description	Pedaran
Dialogue	Dialog
Fiction	Fiksi
Metaphor	Metafor
Narrator	Narator
Novel	Novel
Poem	Sajak
Poetic	Puisi
Rhyme	Rhyme
Rhythm	Wirahma
Style	Gaya
Theme	Tema
Tragedy	Tragedi

Mammals
Mamalia

Bear	Bunga
Beaver	Beaver
Bull	Bula
Camel	Ota
Cat	Ucing
Coyote	Ajag
Dog	Anjing
Dolphin	Lumba-Lumba
Elephant	Gajah
Fox	Rubah
Giraffe	Jayang
Gorilla	Gorila
Horse	Kuda
Kangaroo	Kangguru
Lion	Singa
Monkey	Monyet
Rabbit	Kalinci
Sheep	Domba
Whale	Lukas
Zebra	Zebra

Math
Matematika

Angles	Sudut
Arithmetic	Aritmétik
Circumference	Kuriling
Decimal	Desimal
Diameter	Diaméterna
Equation	Persamaan
Exponent	Exponent
Fraction	Fraksi
Geometry	Géométri
Parallel	Paralél
Parallelogram	Parallélogram
Perimeter	Perimeter
Polygon	Poligon
Rectangle	Pangkat
Symmetry	Simetri
Triangle	Tiga

Measurements
Pangukuran

Byte	Byte
Centimeter	Séntiméter
Decimal	Desimal
Degree	Gelar
Depth	Jero
Gram	Gram
Height	Tinggi
Inch	Inci
Kilogram	Kilogram
Kilometer	Kilometer
Length	Panjang
Liter	Liter
Mass	Masa
Meter	Pasagi
Minute	Menit
Ounce	Ounce
Ton	Ton
Weight	Beurat
Width	Lebar

Meditation
Semedi

Acceptance	Nampa
Awake	Hudang
Breathing	Engapan
Calm	Tenang
Clarity	Kajelasan
Compassion	Karéh
Emotions	Emosi
Gratitude	Sukur
Happiness	Bagja
Kindness	Kahadéan
Mental	Mental
Movement	Gerak
Music	Musik
Nature	Alam
Peace	Katengtreman
Perspective	Perspektif
Silence	Jempeng
Thoughts	Pikiran

Music
Musik

Album	Album
Ballad	Balad
Chorus	Chorus
Classical	Klasik
Harmonic	Harmonis
Harmony	Harmoni
Instrument	Alat
Lyrical	Lirik
Melody	Melodi
Microphone	Mikropon
Musician	Musik
Opera	Opera
Poetic	Puisi
Recording	Rekaman
Rhythm	Wirahma
Rhythmic	Ritmi
Sing	Sing
Singer	Panyanyi
Tempo	Tempo
Vocal	Vokal

Musical Instruments
Instrumén Musik

Banjo	Banjo
Bassoon	Bassoon
Cello	Cello
Clarinet	Clarinet
Drum	Drum
Flute	Suling
Gong	Gong
Guitar	Gitar
Harp	Kacapi
Mandolin	Mandolin
Marimba	Marimba
Oboe	Oboe
Percussion	Perkusi
Piano	Piano
Saxophone	Saxophone
Tambourine	Tambur
Trombone	Trombone
Trumpet	Terompet
Violin	Biola

Mythology
Mitologi

Archetype	Archetype
Behavior	Kalakuan
Beliefs	Aqidah
Creation	Nyipta
Creature	Mahluk
Culture	Budaya
Disaster	Musibah
Heaven	Langit
Hero	Pahlawan
Immortality	Akal
Jealousy	Cemburu
Labyrinth	Labirin
Legend	Legenda
Lightning	Kilat
Monster	Monster
Mortal	Fana
Revenge	Dendam
Strength	Kekuatan
Thunder	Gulur
Warrior	Soldadu

Nature
Alam

Animals	Sato
Arctic	Artik
Beauty	Agung
Bees	Lebah
Clouds	Awan
Desert	Gurun
Dynamic	Dinamis
Erosion	Kela
Fog	Kabut
Foliage	Dangdaunan
Forest	Leuweung
Glacier	Glacier
Peaceful	Damai
River	Walungan
Serene	Hening
Tropical	Tropis
Vital	Vital
Wild	Liar

Numbers
Nomer

Decimal	Desimal
Eight	Dalapan
Eighteen	Dalapan Welas
Fifteen	Lima Belas
Five	Lima
Four	Opat
Fourteen	Opat Welas
Nine	Salapan
Nineteen	Salapan Belas
One	Hiji
Seven	Tujuh
Seventeen	Tujuh Belas
Six	Genep
Sixteen	Genep Welas
Ten	Sapuluh
Thirteen	Tilu Belas
Three	Tilu
Twelve	Dua Belas
Twenty	Dua Puluh
Two	Dua

Nutrition
Gizi

Appetite	Nafsu
Balanced	Saimbang
Bitter	Pait
Calories	Kalori
Carbohydrates	Karbohidrat
Diet	Diet
Digestion	Nyerna
Edible	Plant
Fermentation	Fermentasi
Flavor	Rasa
Health	Kaséhatan
Healthy	Sehat
Liquids	Cair
Nutrient	Gizi
Proteins	Protén
Quality	Kualitas
Sauce	Saus
Toxin	Racun
Vitamin	Vitamin
Weight	Beurat

Ocean
Sagara

Algae	Alga
Boat	Parahu
Coral	Karang
Crab	Yuyu
Dolphin	Lumba-Lumba
Eel	Belut
Fish	Ikan
Jellyfish	Ubur-Ubur
Octopus	Gurita
Oyster	Tiram
Salt	Uyah
Shark	Hiu
Shrimp	Udang
Sponge	Bolu
Storm	Ribut
Tides	Pasuruan
Tuna	Tuna
Turtle	Kuya
Waves	Gelombang
Whale	Lukas

Pets
Sato Piaraan

Cat	Ucing
Collar	Kolar
Cow	Sapi
Dog	Anjing
Fish	Ikan
Food	Dahareun
Goat	Embe
Hamster	Hamster
Lizard	Kadal
Mouse	Beurit
Parrot	Beo
Rabbit	Kalinci
Tail	Buntut
Turtle	Kuya
Veterinarian	Hewan
Water	Cai

Philanthropy
Filantropi

Children	Barudak
Community	Komunitas
Contacts	Kontak
Finance	Keuangan
Funds	Dana
Generosity	Kenerosan
Goals	Gol
Groups	Golongan
History	Riwayat
Honesty	Kajujuran
Humanity	Manusa
Mission	Misi
People	Jalma
Programs	Program
Public	Umum
Youth	Nonoman

Photography
Fotografi

Black	Hideung
Camera	Kamera
Color	Warna
Composition	Komposisi
Contrast	Kontras
Darkness	Poek
Definition	Harti
Format	Format
Frame	Rangka
Lighting	Cahaya
Object	Objek
Perspective	Perspektif
Portrait	Potret
Shadows	Bayangan
Subject	Matuh
Texture	Tekstur
Visual	Visual

Physics
Fisika

Acceleration	Akselerasi
Atom	Atom
Chaos	Rusuh
Chemical	Kimia
Density	Kapédétan
Electron	Elektron
Engine	Mesin
Expansion	Ékspansi
Formula	Rumus
Frequency	Frékuénsi
Gas	Gas
Magnetism	Magnetisme
Mass	Masa
Mechanics	Mekanik
Molecule	Molekul
Nuclear	Nuklir
Particle	Partikel
Relativity	Relativitas
Universal	Universal
Velocity	Laju

Plants
Tatangkalan

Bamboo	Awi
Bean	Kacang
Berry	Berry
Botany	Botani
Bush	Rungkun
Cactus	Kaktus
Fertilizer	Pupuk
Flora	Flora
Flower	Kembang
Foliage	Dangdaunan
Forest	Leuweung
Garden	Taman
Grass	Jukut
Ivy	Ivy
Moss	Lukut
Petal	Lakop
Root	Akar
Stem	Bobot
Tree	Tangkal
Vegetation	Vegetasi

Politics
Pulitik

Activist	Aktivis
Campaign	Kampanye
Candidate	Calon
Choice	Pilihan
Committee	Komite
Equality	Sarua
Ethics	Etika
Freedom	Kabebasan
Government	Pamarentah
Opinion	Pamadegan
Policy	Polisi
Politician	Politik
Popularity	Popularitas
Strategy	Strategi
Taxes	Pajak
Victory	Kanggo

Professions #1
Profesi #1

Ambassador	Duta
Astronomer	Astronom
Attorney	Pangacara
Banker	Bankir
Cartographer	Kartografer
Coach	Palatih
Dancer	Panari
Doctor	Dokter
Editor	Editor
Geologist	Géologi
Hunter	Hunter
Jeweler	Kamasan
Musician	Musik
Nurse	Manéré
Pianist	Pianis
Plumber	Tukang Ledeng
Psychologist	Psikolog
Sailor	Layur
Tailor	Tukang Ngaput
Veterinarian	Hewan

Professions #2
Profesi #2

Astronaut	Astronot
Biologist	Biologi
Dentist	Dokter Gigi
Detective	Detektif
Engineer	Insinyur
Farmer	Patani
Gardener	Kebon
Illustrator	Ilustrasi
Inventor	Panemu
Journalist	Wartawan
Librarian	Pustaka
Linguist	Ahli
Painter	Pelukis
Philosopher	Filosof
Photographer	Fotografer
Physician	Dokter
Pilot	Pilot
Surgeon	Bedah
Teacher	Guru
Zoologist	Ahli Zoologi

Psychology
Psikologi

Assessment	Penilaian
Behavior	Kalakuan
Childhood	Budak Leutik
Clinical	Klinis
Cognition	Kognisi
Conflict	Konflik
Dreams	Ngimpi
Ego	Ego
Emotions	Emosi
Ideas	Gagasan
Perception	Persepsi
Personality	Kapribadian
Problem	Masalah
Reality	Realitas
Sensation	Sensasi
Therapy	Terapi
Thoughts	Pikiran
Unconscious	Kapidara

Science
Élmu

Atom	Atom
Chemical	Kimia
Climate	Iklim
Data	Data
Evolution	Evolusi
Experiment	Percobaan
Fact	Fakta
Fossil	Fosil
Gravity	Gravitasi
Hypothesis	Hipotesa
Laboratory	Laboratorium
Method	Metode
Minerals	Mineral
Molecules	Molekul
Nature	Alam
Particles	Partikel
Physics	Fisika
Plants	Tutuwuhan
Scientist	Elmu

Science Fiction
Fiksi Ilmiah

Atomic	Atom
Books	Buku
Chemicals	Kimia
Cinema	Bioskop
Dystopia	Dystopia
Explosion	Ledakan
Extreme	Eksreme
Fantastic	Fantastis
Fire	Seuneu
Futuristic	Futuristik
Galaxy	Galaxy
Illusion	Ilusi
Imaginary	Imaginar
Mysterious	Misterius
Oracle	Oracle
Planet	Planét
Robots	Robot
Technology	Téhnologi
Utopia	Utopia
World	Dunya

Scientific Disciplines
Ilmiah Disiplin

Anatomy	Anatomi
Archaeology	Arkeologi
Astronomy	Astronomi
Biochemistry	Biokimia
Biology	Biologi
Botany	Botani
Chemistry	Kimia
Ecology	Ékologi
Geology	Géologi
Immunology	Imunologi
Kinesiology	Kinesiologi
Linguistics	Linguistik
Mechanics	Mekanik
Mineralogy	Mineral
Neurology	Neurologi
Physiology	Fisiologi
Psychology	Psikologi
Sociology	Sosiologi
Thermodynamics	Térmodinamik
Zoology	Zoologi

Shapes
Wangun

Arc	Gandewa
Circle	Bunderan
Cone	Conek
Corner	Juru
Cube	Kubus
Curve	Kurva
Cylinder	Silinder
Edges	Tepi
Ellipse	Elipse
Hyperbola	Hiperbola
Line	Garis
Oval	Kawung
Polygon	Poligon
Prism	Prisma
Pyramid	Piramid
Rectangle	Pangkat
Side	Sisi
Triangle	Tiga

Spices
Rempah-Rempah

Anise	Anis
Bitter	Pait
Cardamom	Kardam
Cinnamon	Kayu Manis
Clove	Cekek
Coriander	Koriander
Cumin	Cumin
Curry	Kari
Fennel	Fennel
Flavor	Rasa
Garlic	Bawang Bodas
Ginger	Jahé
Licorice	Licorice
Nutmeg	Pala
Onion	Bawang
Paprika	Paprika
Saffron	Saffron
Salt	Uyah
Sweet	Amis
Vanilla	Vanila

Sports
Olahraga

Athlete	Atlet
Baseball	Baseball
Basketball	Wargi
Bicycle	Sapédah
Coach	Palatih
Game	Kaulinan
Golf	Golf
Gymnasium	Gimnasium
Gymnastics	Senam
Hockey	Hoki
Movement	Gerak
Player	Pemain
Referee	Wasit
Stadium	Stadion
Team	Tim
Tennis	Ténis
Winner	Juara

Technology
Téknologi

Blog	Blog
Browser	Browser
Bytes	Bait
Camera	Kamera
Computer	Komputer
Cursor	Kursus
Data	Data
Digital	Digital
File	File
Internet	Internet
Message	Pesan
Screen	Layar
Security	Kaamanan
Software	Software
Statistics	Statistik
Virtual	Virtual
Virus	Virus

The Company
Perusahaan

Business	Usaha
Creative	Kreatif
Decision	Putusan
Employment	Pagawean
Industry	Industri
Innovative	Inovatif
Investment	Investasi
Possibility	Kamungkinan
Presentation	Presentasi
Product	Produk
Progress	Kemajuan
Quality	Kualitas
Reputation	Reputasi
Resources	Sumber
Revenue	Sharing
Risks	Risiko
Units	Unit

Time
Waktos

After	Sareng
Annual	Taunan
Before	Baheula
Calendar	Almenak
Century	Abad
Day	Poé
Decade	Dékade
Early	Awal
Future	Kahareup
Hour	Jam
Minute	Menit
Month	Sasih
Morning	Isuk-Isuk
Night	Peuting
Noon	Siang
Now	Ayeuna
Soon	Geura
Week	Minggu
Year	Taun
Yesterday	Kamari

Town
Kota

Airport	Bandara
Bakery	Bakery
Bank	Bank
Cinema	Bioskop
Clinic	Klinik
Gallery	Galeri
Hotel	Hotel
Library	Pustaka
Market	Pasar
Museum	Museum
Pharmacy	Apotik
School	Sakola
Stadium	Stadion
Store	Toko
Supermarket	Supermarkét
Theater	Teater
University	Universitas

Universe
Alam Semesta

Asteroid	Asteroid
Astronomer	Astronom
Astronomy	Astronomi
Atmosphere	Suasana
Celestial	Angkasa
Cosmic	Kosmik
Darkness	Poek
Equator	Katulistiwa
Galaxy	Galaxy
Hemisphere	Hémisfér
Horizon	Cakrawala
Latitude	Lintang
Moon	Bulan
Orbit	Orbit
Sky	Langit
Solar	Surya
Solstice	Solstice
Telescope	Teleskop
Visible	Ningali
Zodiac	Zodiak

Vacation #2
Pakansi #2

Airport	Bandara
Beach	Pantai
Camping	Kémping
Destination	Tujuan
Foreigner	Asing
Holiday	Libur
Hotel	Hotel
Island	Pulo
Journey	Perjalanan
Leisure	Luang
Map	Peta
Passport	Paspor
Sea	Laut
Taxi	Taksi
Tent	Téndé
Train	Kareta
Transportation	Transportasi
Visa	Visa

Vegetables
Sayuran

Broccoli	Brokoli
Carrot	Wortel
Celery	Selédri
Cucumber	Bonténg
Eggplant	Térong
Garlic	Bawang Bodas
Ginger	Jahé
Mushroom	Supa
Olive	Zaitun
Onion	Bawang
Parsley	Peterseli
Pea	Kacang Polong
Potato	Kentang
Pumpkin	Labuh
Radish	Radis
Salad	Salad
Spinach	Bayem
Tomato	Tomat
Turnip	Turnip

Vehicles
Kandaraan

Airplane	Pesawat
Ambulance	Ambulan
Bicycle	Sapédah
Boat	Parahu
Bus	Bus
Car	Mobil
Caravan	Kapilah
Engine	Mesin
Ferry	Ferri
Helicopter	Helikopter
Motor	Motor
Raft	Rakit
Rocket	Roket
Scooter	Skuter
Submarine	Kapal Selam
Subway	Sabwéy
Taxi	Taksi
Tires	Ban
Tractor	Traktor
Truck	Truk

Water
Cai

Canal	Kanal
Evaporation	Ngejat
Flood	Caah
Frost	Ibun
Geyser	Geyser
Humidity	Asor
Hurricane	Hurikan
Ice	És
Irrigation	Irigasi
Lake	Tasik
Moisture	Uap
Monsoon	Muson
Ocean	Sagara
Rain	Hujan
River	Walungan
Shower	Pancuran
Snow	Salju
Steam	Usum
Waves	Gelombang

Weather
Cuaca

Atmosphere	Suasana
Breeze	Hayang
Calm	Tenang
Climate	Iklim
Cloud	Awan
Drought	Halodo
Dry	Garing
Fog	Kabut
Hurricane	Hurikan
Ice	És
Lightning	Kilat
Monsoon	Muson
Polar	Polar
Rainbow	Pelangi
Sky	Langit
Storm	Badai
Temperature	Suhu
Thunder	Gulur
Tropical	Tropis
Wind	Angin

Congratulations

You made it!

We hope you enjoyed this book as much as we enjoyed making it. We do our best to make high quality games.
These puzzles are designed in a clever way for you to learn actively while having fun!

Did you love them?

A Simple Request

Our books exist thanks your reviews. Could you help us by leaving one now?

Here is a short link which will take you to your order review page:

BestBooksActivity.com/Review50

MONSTER CHALLENGE!

Challenge #1

Ready for Your Bonus Game? We use them all the time but they are not so easy to find. Here are **Synonyms**!

Note 5 words you discovered in each of the Puzzles noted below (#21, #36, #76) and try to find 2 synonyms for each word.

Note 5 Words from *Puzzle 21*

Words	Synonym 1	Synonym 2

Note 5 Words from *Puzzle 36*

Words	Synonym 1	Synonym 2

Note 5 Words from *Puzzle 76*

Words	Synonym 1	Synonym 2

Challenge #2

Now that you are warmed-up, note 5 words you discovered in each Puzzle noted below (#9, #17, #25) and try to find 2 antonyms for each word. How many lines can you do in 20 minutes?

Note 5 Words from *Puzzle 9*

Words	Antonym 1	Antonym 2

Note 5 Words from *Puzzle 17*

Words	Antonym 1	Antonym 2

Note 5 Words from *Puzzle 25*

Words	Antonym 1	Antonym 2

Challenge #3

Wonderful, this monster challenge is nothing to you!

Ready for the last one? Choose your 10 favorite words discovered in any of the Puzzles and note them below.

1.	6.
2.	7.
3.	8.
4.	9.
5.	10.

Now, using these words and within a maximum of six sentences, your challenge is to compose a text about a person, animal or place that you love!

Tip: You can use the last blank page of this book as a draft!

Your Writing:

Explore a Unique Store
Set Up **FOR YOU!**

BestActivityBooks.com/**TheStore**

Designed for Entertainment!

Light Up Your Brain With Unique **Gift Ideas**.

Access **Surprising** And **Essential Supplies!**

CHECK OUT OUR MONTHLY SELECTION NOW!

- Expertly Crafted Products -

NOTEBOOK:

SEE YOU SOON!

Linguas Classics Team

www.ingramcontent.com/pod-product-compliance
Lightning Source LLC
Chambersburg PA
CBHW082155120626
46553CB00010B/2898